자원쟁탈의
세계사

자원쟁탈의

세계사

히라누마 히카루 지음 **구수진** 옮김

시그마북스
Sigma Books

자원쟁탈의 세계사

발행일 2022년 6월 24일 초판 1쇄 발행

지은이 히라누마 히카루

옮긴이 구수진

발행인 강학경

발행처 시그마북스

마케팅 정제용

에디터 최윤정, 최연정

디자인 강경희, 김문배

등록번호 제10-965호

주소 서울특별시 영등포구 양평로 22길 21 선유도코오롱디지털타워 A402호

전자우편 sigmabooks@spress.co.kr

홈페이지 http://www.sigmabooks.co.kr

전화 (02) 2062-5288~9

팩시밀리 (02) 323-4197

ISBN 979-11-6862-047-6 (03900)

시작하며

에너지 전환이라는 변화의 시대

'석유 한 방울은 피 한 방울의 가치가 있다'

이것은 제1차 세계대전 중인 1917년에 프랑스의 조르주 클레망소 수상이 미국 대통령 우드로 윌슨에게 석유 공급을 요청하기 위해 보낸 전문에 담겨 있던 말이다. 이 말에서 알 수 있듯 석유는 세계대전의 전황을 좌우할 정도로 중요한 자원이었다.

자원으로서 석유의 중요성은 일본이 대미전쟁을 시작한 계기가 되었다는 점에서도 알 수 있다. ABCD 포위망 때문에 영미계 석유회사로부터 석유 공급을 차단당한 일본은 석유를 찾아 남하했고 결국 제2차 세계대전을 일으켰다.

제2차 세계대전 후에도 자동차의 대중화 등으로 인해 석유는 경제적·전략적 자원으로서 중요한 역할을 맡아왔다.

그로 인해 산유국인 중동 각국에서 분쟁이 일어날 때마다 전략 카드가 되어 공급 불안정화가 일어났고, 세계 경제에 커다란 혼란을 일으키는 등 석유는 싸워서라도 손에 넣지 않으면 안 되는 자원으로서 부동의 지위를 쌓아왔다.

하지만 최근 그 지위가 흔들리고 있다. 심각해지는 기후변화 문제에 대처하기 위해 지구의 평균 기온 상승을 산업혁명 이전 대비 2℃ 미만으로 유지하는 것을 목표로 한 파리협정이 2016년 11월에 발효되면서 세계는 석유, 석탄을 비롯한 화석연료 의존에서 탈피하고 재생에너지의 보급 확대를 추진하는, 에너지 전환이라는 변화의 시대를 맞이하고 있다.

코로나19가 자원에너지에 끼친 영향

세계적으로 에너지 전환이 추진되고 있는 가운데 자원에너지의 동향에 영향을 미치는 사태가 발생했다.

2020년 3월 11일, 세계보건기구(WHO)에서는 신형 코로나바이러스 (COVID-19)의 팬데믹(세계적 유행)을 선언했다. 감염 확대를 막기 위해 세계 각국은 도시를 봉쇄했고 사람의 이동과 경제 활동을 제한했다.

2020년 4월 14일 국제통화기금(IMF)이 발표한 세계경제전망에 따르면, 신형 코로나바이러스의 대유행으로 인해 세계 경제는 1930년대의 세계 대공황 이래 최악의 경기침체에 빠질 것으로 보고 있다. 세계 경제는 지금껏 경험한 적 없는 정체에 빠졌고, 경제가 정체되자 에너지 수요가 축소되면서 원유 가격이 하락했다.

2000년 4월 20일 뉴욕시장의 국제적 원유거래 지표인 서부텍사스산원유(WTI)의 5월 선물 가격이 배럴당 전일 대비 약 56달러 하락한 -37.63달러라는 역사상 첫 '마이너스 가격'을 기록했다.

석유시장은 코로나19 이전부터 산유국들의 시장 획득 경쟁으로 인해 공급 과잉에 빠져 있었고, 미국을 비롯해 각지의 석유 저장 기지가 가득 찬 상태였다. 거기에 코로나19로 수요가 급격히 줄어들면서 원유가 남아돌게 되었고 원유의 생산자나 트레이더가 인수인에게 돈을 주어서라도 원유를 받아 가도록 하는 상황, 즉 '마이너스 가격'이라는 비정상적인 상황이 발생한 것이다.

국제에너지기구(IEA)는 2020년 제1사분기 에너지 수요가 전년 대비 3.8% 감소했다고 밝혔다.

에너지별로는 석탄이 -8%, 천연가스 -3%, 석유 -5%, 원자력 -3%로 화석연료와 원자력은 일제히 전년 같은 기간 대비 마이너스가 되었다.

또한 IEA의 2020년 에너지수요전망에서도 2019년과 비교해 전체적으로 수요가 6% 줄어들 것으로 전망했다. 에너지별로는 석탄이 -8%, 천연가스 -5%, 석유 -9%, 원자력 -2.5%로 제1사분기와 마찬가지로 일 년 내내 화석연료와 원자력이 전년 대비 마이너스를 기록할 것으로 내다봤다.

한편 재생에너지의 2020년 제1사분기 수요는 1.5% 증가했다.

IEA의 2020년 수요전망에서도 재생에너지는 1%의 수요 증가가 예상되면서 코로나19 상황에서 가장 레질리언스(회복력)가 높은 에너지로 꼽혔다.

어째서 재생에너지는 코로나19라는 상황에서도 수요가 늘어나고 회복력이 높은 에너지가 되었는지는 본문에서 자세히 설명하겠지만, 과거 '석유 한 방울은 피 한 방울'이라고 불리던 석유가 마이너스 가격이 될 정도로 그 가격은 크게 요동치고 있으며 자원으로서의 전환기를 맞고 있다.

자원에너지의 현재, 과거, 미래

돌아보면 우리 인류는 지금까지 몇 번이나 자원의 변화를 경험해왔다. 석기시대에 인류는 돌을 자원으로 이용했고, 돌도끼나 흑요석을 뾰족하게 갈아 만든 괭이 등으로 사냥이나 고기잡이를 하며 생활했다.

철기시대에는 철을 이용해 농기구나 갑옷 등을 만들어 사회를 발전시켰다. 철기는 기존의 석기에 비해 생산성을 현격히 높였고 그렇게 자원은 돌에서 철로 옮겨갔다.

이 시기에는 구리나 주석을 자원으로 한 동검·동모 같은 청동기도 만들어졌으며, 철이나 청동을 많이 확보하는 것이 곧 부와 권력을 얻기 위한 필수 요소가 되었다. 향신료 역시 더 많은 부를 얻기 위한 쟁탈전이 일어나게 했다.

증기기관 등의 동력이 실용화되기 전에는 인간도 노동력이라는 자원으로서 노예라는 형태로 매매되었다.

근대에는 증기기관의 에너지원이 된 석탄이 경공업을 발전시키며 제1차 산업혁명을 이끌었고 석탄의 산지였던 영국이 그 무대가 되었다.

제2차 산업혁명에서는 석탄보다 편리한 석유가 등장했다. 석탄을 이용한 증기기관에서 석유를 에너지원으로 하는 내연기관으로 동력의 혁신이 일어나면서 중공업을 발전시켰다. 앞서 말했듯이 석유는 전략 자원이 되어 갔다.

그리고 지금, 석유는 자원으로서 전환기를 맞고 있다. 이처럼 자원이나 에너지는 고정된 것이 아니라 시대와 함께 변해왔다.

이러한 변화 속에서 자원을 손에 넣은 국가나 지역은 우위에 서게 되고, 그렇지 못한 국가는 어떻게든 자원을 손에 넣기 위해 동분서주한다. 때로는 무력을 동반한 쟁탈전이 펼쳐지기도 한다.

이 책은 자원에너지의 변천과 쟁탈전을 과거부터 현대에 걸쳐 자세히 살펴보는 동시에, 향후 자원에너지가 어떻게 변해갈지에 대해 고찰한다.

'자원'이라고 하면 석유, 석탄, 천연가스 등 땅속에 매장된 화석연료를 떠올리는 사람이 많다. 하지만 애초에 '자원'에 명확한 정의는 없다.

자원이란 무엇인가에 대해 일본 문부과학성은 '인간이 사회활동을 유지·향상시키는 원천으로 사용하는 사물'이라는 무척이나 막연한 정의를 제시하고 있다.

인간이 의도를 가지고 사용하는 사물이 자원이라고 한다면 미래의 자원을 예측하기 위해서는 '화석연료가 자원'이라는 고정관념을 버리고 지금껏 누가 어떤 의도로 자원을 만들어냈는가, 그리고 다음은 누가, 무엇을 자원으로 삼기 위해 움직이는가라는 관점에서 접근할 필요가 있다.

필자가 프로젝트 리더를 맡은 공익재단법인 도쿄재단정책연구소의 자원에너지 프로젝트에서는 이러한 관점에서 차세대 자원에너지의 가능성을 고찰해왔다. 이 책은 그 성과의 일부를 정리한 것이다. 단, 식량, 물 등은 대상으로 하지 않았다.

이 책을 집필하는 데 국내외 많은 분이 협력해주셨다. 여기서 다시 한번 감사의 말씀을 드리고 싶다. 그리고 『원자력발전과 희토류(原発とレアアース)』, 『2040년 에너지패권(2040年のエネルギー覇権)』에 이어 이 책을 집필할 기회를 주신 닛케이BP 일본경제신문출판 본부에 깊은 감사의 말씀을 전한다.

2021년 3월 히라누마 히카루

【 참고문헌 】

Global Energy Review 2020 The impacts of the Covid-19 crisis on global energy demand and CO$_2$ emissions, IEA, April 2020

文部科学省科学技術・学術審議会資源調査分科会(第35回)配布資料9　平成25年4月5日

차례

제 1 장

향신료 전쟁
- 자원쟁탈의
대항해시대

01

돈에 버금가는 귀중한 자원

후추 1온스는 금 1온스의 가치

후추 등의 향신료는 슈퍼마켓 향신료 코너에 가면 언제든 저렴한 가격에 구할 수 있다. 특별하고 진귀한 물건이 아니라 일반 가정의 부엌이나 여느 식당 한편에 항상 준비되어 있는 친근한 식자재다. 아무리 봐도 '자원'이라는 단어와는 어울리지 않는다. 이게 바로 향신료에 대한 현대인의 인식이 아닐까?

하지만 중세 유럽에서는 향신료를 손에 넣기 위해 대항해에 나섰다. 게다가 결국 쟁탈전까지 벌일 정도로 당시에는 무척이나 귀중한 자원으로 여겨졌다.

어째서 중세 유럽에서는 향신료가 귀중한 자원이었을까?

지금처럼 식자재 운송이 발달하지 못했던 중세 유럽에서는 넓은 지역에 많은 시간을 들여 식자재를 운송해야만 했다. 따라서 육류 같은 식자재의 부패를 막기 위해 방부효과가 있는 향신료가 필요했다는 설이 있다.

향신료를 방부제로 사용했다는 점에 관해서는 여러 가지 설이 있는데 진위는 분명하지 않다. 하지만 고대 이집트에서 미라를 제작할 때 부식을 방지하기 위해 향신료가 쓰였다고 알려져 있다.

향신료는 조미료뿐만 아니라, 약으로서도 귀하게 여겨졌다.

향신료를 사용하면 고기 누린내를 없애거나 요리에 자극적인 미각을 더할 수 있었을 뿐만 아니라 약효가 있어서 건강에 좋다고 알려지자, 중세 유럽 사람들은 요리에 향신료를 듬뿍 넣기 시작했다.

향신료를 사용해 맛에 깊이를 더한 풍미 가득한 음식을 한번 맛보고 나면 향신료 없는 요리는 상상조차 할 수 없게 된다.

이처럼 향신료는 중세 유럽에서 귀하게 여겨졌고 후추 1온스는 금 1온스와 교환될 정도로 중요한 물건이었다.

흔히 '자원은 땅속에 묻힌 화석연료를 말하는 것'이라는 편견에 빠지기 쉽다. 그러한 고정관념을 깨기 위해 이 책의 제1장에서는 현대 사회에서 도무지 '자원'으로 인지하기 어려운 '향신료'를 최초의 국제적인 자원쟁탈의 사례로 들고 그 역사를 들추어보고자 한다.

전 세계를 사로잡은 4대 향신료

세상에는 약 350종류가 넘는 향신료가 있다고 알려져 있다. 그 가운데 후추, 정향, 육두구, 계피는 세계 역사를 움직인 4대 향신료라고 일컬어진다.

각국 요리에 가장 널리 사용되어 향신료의 왕이라고 불리는 후추는 인도 남서부 아라비아 해에 면한 말라바르 해안이 그 원산지로 오랜 기간 통화와 동등하게 취급받아 왔다.

후추에는 흑후추, 백후추, 녹후추 등이 있는데, 열매는 모두 같지만 각기 다른 시기에 수확한 것이다.

지금은 인도네시아, 말레이시아, 베트남, 브라질 등에서도 재배되고 있으며 말라바르 해안산 흑후추는 최고급품으로 손꼽힌다.

고기 요리에 많이 사용되는 정향의 원산지는 향신료 섬이라고 불리는 인도네시아 몰루카 제도다.

정향은 고기 요리와 궁합이 좋을 뿐만 아니라 항균 효과가 있다는 사실이 알려지면서 충치 치료제로도 사용되었다.

육두구의 원산지는 정향과 마찬가지로 인도네시아 몰루카 제도다. 육두구는 육두구 열매의 종자 부분이며, 종자를 감싼 그물망 모양의 붉은 껍질 부분은 메이스라는 향신료가 된다. 즉, 육두구 열매에서는 두 종류의 향신료를 얻을 수 있는 셈이다.

몰루카 제도
인도네시아 동쪽 끝 뉴기니 섬 파푸아주와 술라웨시 섬 사이 반다 해에 모여 있는 섬들. 현재 정식명칭은 말루쿠 제도다. 인구는 약 280만 명, 면적은 약 7만 4505km²다.

『동방견문록』
이탈리아인 마르코 폴로의 여행기. 마르코 폴로가 1271년부터 1295년에 걸쳐 중앙아시아·중국을 여행한 체험담을 전기 작가인 루스티켈로 다 피사가 기록한 책이다. 일본을 '황금의 나라 지팡구'라고 소개했다.

정향

후추

계피

육두구

두 향신료 모두 고기 요리에 많이 사용되는데, 메이스는 수확량이 육두
구의 10분의 1밖에 되지 않는다는 희소성 때문에 고급품으로 여겨진다.
육두구는 한방에서 위장약으로도 쓰인다.

계피는 녹나무과의 상록교목 나무껍질로 만들어지며 원산지는 스리랑
카다. 『구약성서』에 등장할 정도로 역사가 깊고, 지금도 시나몬 롤이나 시
나몬 커피 등 단맛과 잘 어울리는 향신료로서 우리에게 친숙하다.

이러한 향신료는 대항해시대에 접어들기 전까지 주로 동서무역을 통해
서 유럽에 들어왔다. 동서무역의 중계지는 이슬람 상인이 주름잡고 있었는
데, 무역 루트가 되는 육로를 장악하고 향신료의 원산지를 절대로 밝히지
않았다.

그로 인해 향신료 이권은 이슬람 상인이 독점했고, 그들에게 높은 가격

으로 사들일 수밖에 없는 상황이 이어졌다.

향신료 이권으로 번영한 아라비아의 마을은 아라비안나이트의 무대가 되기도 했다. 하지만 이러한 상황은 한 모험가로 인해 큰 변화를 맞이하게 된다.

바로 『동방견문록』으로 잘 알려진 마르코 폴로다.

향신료 쟁탈의 길을 연 4대 인물

향신료의 베일을 벗긴 마르코 폴로

『동방견문록』은 베네치아 상인 마르코 폴로의 여행기이며 약 25년에 걸쳐 동방을 여행한 모습이 자세히 기록되어 있다.

이 책에는 몰루카 제도가 향신료의 원산지라는 정보도 기록되어 있다. 이로써 이슬람 상인이 숨겨왔던 원산지 정보가 처음으로 세상에 알려지게 되었다.

『동방견문록』은 라틴어와 유럽 각국의 언어로 번역되었으며 그 정보는 유럽 전역으로 퍼져나 갔다.

『동방견문록』에 기록된 동양의 비단과 황금의 나라 지팡구, 그리고 향신료가 가득한 섬들에

마르코 폴로
(1254~1324)

관한 정보는 유럽인의 호기심과 야심에 불을 지폈고, 바다를 건너 동양으로 나서게 하는 계기를 만들었다. 그렇게 해서 15세기 대항해시대의 막이 열렸다.

향신료를 발견하지 못한 콜럼버스

『동방견문록』에 나오는 동양의 풍요를 향해 가장 먼저 움직인 사람은 이탈리아의 탐험가 크리스토퍼 콜럼버스다.

콜럼버스는 유럽에서 출항해 서쪽 항로를 따라가면 비단과 금, 향신료의 보물창고인 인도와 몰루카 제도에 도착할 수 있으리라 확신했다. 스페인의 후원을 받아 1492년 8월 3일 '산타마리아호'를 필두로 세 척의 배를 이끌고 첫 번째 항해에 나섰다.

그해 10월 12일 바하마 제도 산살바도르 섬에 도착한 콜럼버스는 현지를 탐험해 지금의 쿠바를 발견했다.

원주민들이 몸에 걸치고 있던 금 장신구를 보고 그곳이 황금의 나라 지팡구일 것이라 기대했으나, 결국 『동방견문록』에 기록되어 있던 황금이 가득한 마을은 발견하지 못한 채 스페인으로 돌아갔다.

이후에도 콜럼버스는 1504년까지 네 번에 걸쳐 대서양을 건너 아메리카 대륙에 도달했다. 그는 정향과 육두구 등 향신료를 발견하는 대신 아메리카 대륙에서 고추를 처음으로 유럽에 들

크리스토퍼 콜럼버스
(1451~1506)

여온 것으로 알려졌다.

결과적으로 콜럼버스의 대항해는 향신료를 발견하지는 못했지만, 아메리카 대륙이라는 신대륙을 발견함으로써 누구도 본 적 없는 신대륙으로의 새로운 항해에 박차를 가하게 되었다.

후추를 가지고 돌아간 바스코 다 가마

대항해를 향한 열기가 높아지는 가운데 콜럼버스가 두 번째 항해를 마쳤을 즈음 포르투갈의 항해사 바스코 다 가마가 아프리카 대륙 서해안을 따라 항해에 나섰다.

바스코 다 가마는 아프리카 대륙 최남단의 희망봉을 돌아 1498년 이윽고 인도 서해안 캘리컷(지금의 코지코드)에 도달했다.

그는 『동방견문록』에 '후추 해안'이라고 기록된 말라바르 해안을 탐색하고 향신료를 배에 가득 싣고 돌아오는 데 성공했다.

바스코 다 가마가 발견한 인도 항로는 이슬람 상인이 독점해온 향신료의 이권을 타파하고, 후추와 계피를 낮은 가격에 손에 넣을 수 있게 했다. 그래서 바다의 스파이스 로드라고 불리게 되었다.

이에 따라 향신료의 중계지로서 번성했던 아라비아, 페르시아, 베네치아는 점점 쇠퇴하기 시작했다.

포르투갈은 바스코 다 가마가 발견한 인도 항로를 통해 향신료를 획득할 수 있게 되자 더욱

바스코 다 가마
(1469~1524 추정)

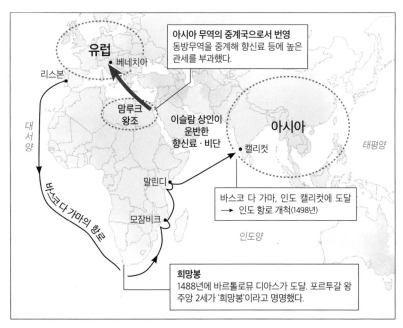

도표1   바다의 스파이스 로드(인도 항로)와 육지의 스파이스 로드
출처: 『세계사』(세이비도 출판)를 바탕으로 작성

적극적으로 동방 각국을 지배하기 위해 나섰다.

포르투갈이 동방 각국을 제압하는 데 활약한 항해자가 바로 페르디난드 마젤란이다.

향신료 섬에 도착한 마젤란 선단

마젤란은 인도 연안과 말라카를 제압하는 데 활약했지만, 모국 포르투갈에서는 그런 공적을 제대로 평가받지 못했다. 그런 이유로 마젤란은 스페인 시민권을 얻은 후 세계 일주 계획을 들고 포르투갈이 아닌 스페인 왕실을 찾아갔다.

스페인 왕실의 후원을 받게 된 마젤란은 1519년 9월 20일 배 다섯 척과 선원 265명으로 이루어진 선단을 이끌고 세계 일주를 떠났다.

남아메리카 대륙을 향해 대서양을 출항한 마젤란 선단은 1520년 10월에 남아메리카 대륙 남단의 마젤란 해협을 발견했고, 그대로 태평양 횡단에 성공하면서 1521년 3월 괌 섬에 도착했다.

같은 해 선단은 필리핀 세부 섬에 들렀는데, 그때 일어난 현지인과의 전투에서 마젤란은 목숨을 잃고 말았다.

마젤란이 사망한 후에는 항해사인 후안 세바스티안 엘카노가 선단을 이끌고 항해를 계속했고, 결국 정향, 육두구 등 향신료의 원산지, 향신료 섬이라고 불리는 인도네시아 몰루카 제도에 도착한다.

그리고 1522년 9월, 몰루카 제도에서 향신료를 가득 실은 '빅토리아호'가 모국 스페인 항구에 귀항한다.

출항 당시 다섯 척이었던 배는 빅토리아호 한 척만 남았고 귀국한 선원은 겨우 18명이었다고 한다.

가혹하기 짝이 없는 항해였지만 그 대가를 보상받을 만큼 많은 향신료와 지구는 둥글고 바다는 이어져 있다는 역사적인 대발견을 얻었다.

이렇게 해서 마르코 폴로, 콜럼버스, 바스코 다 가마, 마젤란이라는 네 명의 모험가 덕분에 향신료가 어디에서 오는지, 즉 향신료의 원산지

페르디난드 마젤란
(1480~1521)

에 대한 수수께끼가 풀렸다. 또한 향신료를 손에 넣기 위한 항로가 개척되었다.

그렇게 네 명의 모험가가 개척한 항로는 향신료 전쟁으로 향하는 길을 열었다.

03

향신료 전쟁의 발발

향신료 전쟁을 이끈 조선 기술의 진화

네 명의 모험가가 새로운 항로를 개척하자 유럽 각국은 앞다투어 향신료를 쟁탈하기 위한 항해에 나섰다. 그것은 먼바다를 건널 수 있을 만큼 배의 성능이 좋아진 덕분에 가능해진 일이었다.

다시 말해 향신료 전쟁은 조선 기술이 진화하면서 시작된 것이나 다름 없다.

대항해시대 초기는 돛대 세 개에 삼각돛 세 장, 혹은 사각돛을 배치한 용적 톤수 50t~200t급 카라벨이었다.

하지만 카라벨은 대양을 건너는 기나긴 항해에는 적재량이 부족하다는 약점이 있었다.

그래서 개발된 것이 캐럭이다. 캐럭도 돛대가 세 개였는데, 앞쪽 두 돛대에는 가로돛, 세 번째 돛대에는 삼각형의 세로돛을 달았다. 이전 배처럼 가로돛, 세로돛 어느 한 방향만 다는 것이 아니라 양방향을 조합한 것이다. 이 방법으로 역풍 상태에서도 항해가 가능해지면서 조종 성능이 비약적으로 향상되었다.

캐럭은 대형 범선으로 적재능력이 우수했고 최대 1000t급 배가 등장하기도 했다. 비바람에 견딜 수 있도록 갑판과 선수루를 설치함으로써 장기간 항해에도 많은 짐을 적재하는 것이 가능해졌다. 1492년 대서양 횡단과 아메리카 대륙 도달에 성공한 콜럼버스의 산타마리아호, 1522년 첫 세계 일주를 해낸 스페인 마젤란 선단의 빅토리아호도 캐럭이다. 그야말로 대항해시대의 막을 연 배라고 할 수 있다.

17세기에는 캐럭을 진화시킨 갈레온이라는 선종이 개발되었다. 갈레온은 높은 선수루를 포기하고 선체구조를 개량해 적재량과 거주성을 향상시켰다. 또한 최대 다섯 개의 돛을 세워 항해 속도를 증가시켰다.

잘 알려진 갈레온으로는 영국 해적으로 유명한 프랜시스 드레이크의 '골든하인드호'가 있다.

승승장구하는 포르투갈

대양을 건널 수 있는 고성능 배가 개발되고 향신료에 접근 가능한 항로가 개척되면서 유럽 각국은 향신료를 찾아 광대한 바다로 몰려나갔다.

그중에서도 후추와 정향, 육두구는 인도의 말라바르, 인도네시아의 몰루카, 반다에서만 채집할 수 있었기 때문에 산지를 둘러싼 격렬한 쟁탈전이 벌어졌다.

먼저 두각을 나타낸 것은 포르투갈이었다. 바스코 다 가마가 발견한 인도 항로를 통해 인도 지배를 강화했고, 1503년에는 인도 코친에 요새를 구축해 인도의 첫 유럽 식민지로 삼았다.

인도 지배를 강화한 포르투갈은 후추에 대한 지배도 강화했다. 1503년부터 1540년에 걸쳐 유럽에서 소비된 후추 대부분은 포르투갈인이 운반해온 것이다.

기세가 오른 포르투갈은 강력한 군사력을 동원해 동방 각국에 진출했고 1511년 말라카 왕국을 수복하고 해상교통 요충지인 말라카 해협을 손에 넣었다.

1512년에는 포르투갈 프란시스코 세란의 배가 몰루카 제도에 도착했다. 포르투갈은 향신료 섬이라고 불린 몰루카 제도를 선점해나갔다.

그런 가운데 1522년 마젤란 선단이 몰루카 제도에서 향신료를 싣고 돌아오자 스페인도 몰루카 제도 진출을 강화하면서 포르투갈과 스페인의 몰루카 제도 영유권을 둘러싼 다툼이 시작되었다.

포르투갈과 스페인이 다툰 몰루카 제도의 패권

향신료를 가득 실은 '빅토리아호'의 귀환으로 몰루카 제도의 가치를 인지한 스페인과 몰루카 제도 선점에 열을 올리던 포르투갈 사이에는 몰루카 제도의 소유권을 둘러싸고 '몰루카 문제'가 발생했다.

당시 몰루카 제도의 각 섬에는 국왕이나 유력자가 있었고 서로를 견제하는 상황이었다.

그중에서도 테르나테 섬과 티도레 섬은 몰루카 제도의 2대 세력이자 대립 축이었다.

이러한 현지의 대립구조를 배경으로 먼저 몰루카 제도 점유에 나섰던 포르투갈은 테르나테 섬의 세력과 힘을 합쳤고, 뒤이어 들어온 스페인은 티도레 섬의 세력과 한패가 되어 몰루카 제도의 패권을 다투는 전투를 반복했다.

1527년 1월 포르투갈은 3일에 걸쳐 티도레 섬을 습격했고, 이 공격으로 스페인의 사령선인 '산타마리아호'가 격침되고 말았다.

수차례에 걸쳐 전투를 치르는 동안 스페인은 약점이 드러났다.

포르투갈은 말라카 등 요충지를 보급기지로 삼고 있었지만, 스페인은 몰루카 제도 해역에 보급기지를 갖지 못한 탓에 점점 피폐해져 간 것이다.

스페인에서 마젤란 해협을 지나 태평양을 건너 몰루카 제도에 보급 선단을 파견할 수도 있었지만, 너무 긴 항해였다. 몰루카 제도에서 희망봉을 돌아 스페인으로 돌아가는 루트는 포르투갈의 세력권을 지나야 하므로 이 역시 스페인의 약점이 되었다.

그러던 중에 포르투갈과 스페인 본국이 서로 조약을 체결하면서 몰루카 제도에서의 다툼은 종지부를 찍었다.

1526년 스페인 국왕 카를 5세와 포르투갈 국왕 주앙 3세의 동생 이사벨이 결혼했고, 주앙 3세도 카를 5세의 동생 카타리나와 결혼하면서 양 왕가는 친척 관계가 된 것이다.

당시 스페인은 심각한 재정 문제를 안고 있었고, 포르투갈도 식민지인

브라질 해안에서 빈번하게 발생하는 프랑스의 해적 행위로 인해 골머리를 앓고 있었기 때문에 양국 모두 몰루카 제도에서 싸우고 있을 형편이 아니었다.

결국, 1529년 4월 22일 사라고사 조약이 체결되면서 스페인이 몰루카 제도의 영유권과 그 외 모든 권한을 포르투갈에 매각하는 것으로 결착이 났다.

네덜란드 동인도회사의 탄생

스페인과 싸움에 종지부를 찍고 몰루카 제도의 패권을 손에 넣은 포르투갈은 곧 새로운 상대에게 패권의 자리를 내어주게 된다.

바로 네덜란드다.

네덜란드가 몰루카 제도에 진출한 배경에는 어느 한 시민이 있었다. 그 시민은 포르투갈의 아시아 항해에 몰래 동행해 향신료 입수 루트를 알게 되었던 것이다.

네덜란드는 시민으로부터 얻은 정보를 바탕으로 몰루카 제도로 떠나기 위해 함대를 편성했다. 1598년 몰루카 제도에 도착한 함대는 약 1년 만에 대량의 향신료를 싣고 귀국했다.

이 항해의 총이익률이 400%에 달하자 네덜란드는 몰루카 제도를 주목

사라고사 조약

1529년 4월 22일 사라고사에서 스페인과 포르투갈 사이에 체결된 평화조약.

하게 되었다.

1601년에는 총 65척의 배가 몰루카 제도를 향해 출항했는데, 이러한 항해 열풍은 혼란을 일으키기도 했다. 몰루카 제도에 간 네덜란드 배끼리 향신료를 둘러싸고 싸우는 일이 벌어진 것이다.

당시 항해를 주관하는 회사는 개인이 경영하는 무역회사나 임시조직 같은 회사가 난립해 있었다. 항해는 어디까지나 개인의 이익을 위한 것이었으므로 통제를 당하는 일은 없었다.

그 때문에 향신료의 과다 공급, 가격 폭락 같은 문제가 발생했다. 1602년 이러한 혼란을 억제하고 이익을 최대화하기 위해 선주와 무역회사를 한데 모아 일원화하는 네덜란드 동인도회사(VOC)가 설립되었다.

네덜란드 동인도회사의 설립으로 네덜란드의 힘은 막강해졌다. 1605년 포르투갈로부터 몰루카 제도를 빼앗는 데 성공했고 무력으로 현지인을 굴복시켜 식민지화했다.

1641년에는 말라카를 점령했고 1656년에는 포르투갈령이었던 계피의 산지 실론 섬 콜롬보를 공략했다. 1662년에 인도 서해안의 코친을 산하에 두면서 네덜란드는 향신료 쟁탈의 강자가 되었다.

네덜란드 동인도회사

1602년 동양 무역을 목적으로 네덜란드의 각 회사가 합동으로 설립한 회사. 네덜란드 정부의 비호를 받으며 자와 섬(지금의 자카르타)을 중심으로 향료무역과 식민지경영을 성공으로 이끌었지만, 18세기 말 영국의 대두로 인해 해산했다.

해적의 힘을 빌린 영국

포르투갈, 스페인 그리고 네덜란드가 대항해의 무대에서 활약하며 경제를 확대하는 한편, 후발주자인 영국은 초조함이 깊어지고 있었다.

뒤처진 것을 만회하기 위해 영국은 해적을 선택했다.

해적이 금, 은, 향신료를 가득 실은 스페인 선적과 포르투갈 선적을 습격해 그 약탈품을 영국에 가져오면 엄청난 부를 손에 넣을 수 있다고 생각한 것이다. 바로 '해적 머니'다. '해적 머니'의 최대 수혜자는 엘리자베스 1세 밑에서 활약하며 여왕으로부터 두터운 신뢰를 얻은 '여왕 폐하의 해적' 프랜시스 드레이크다.

드레이크의 해적 행위로 영국은 무려 국가 예산 3년분에 필적하는 약 60만 파운드를 손에 넣었고, 그 절반에 해당하는 약 30만 파운드는 엘리자베스 여왕에게 바쳐졌다.

드레이크는 해적 행위뿐만 아니라 스페인 무적함대와의 해전을 승리로

프랜시스 드레이크(1543~1596)
16세기 영국의 항해사. 엘리자베스 여왕의 허가를 받은 해적으로 스페인의 식민지를 약탈하는 데 활약. 마젤란에 이어 세계 일주에 성공했고 영국함대의 사령관으로서 스페인 무적함대를 격파하는 공적을 세웠다.

무적함대
16세기 펠리페 2세 시대에 세계 최강으로 여겨졌던 스페인함대의 별칭으로 '아르마다'라고도 불렸다. 1588년 130척의 함대로 영국 상륙작전을 펼치다가 도버 해협에서 드레이크가 이끄는 영국함대에 대패했고 귀환 도중 폭풍우를 만나 괴멸했다. 이로써 스페인은 제해권을 잃었다.

이끌었다. 세계 일주에 성공해 영국 역사에 이름을 남겼으며, 엘리자베스 여왕으로부터 기사 작위도 받았다.

드레이크는 향신료 전쟁에서도 중요한 역할을 했다.

드레이크의 세계 일주 항해가 계획적이었는지 우연이었는지에 관해서는 여러 가지 설이 있지만, 드레이크는 1577년 12월 '골든하인드호'로 영국 남서부의 플리머스 항을 출발했다.

포르투갈 선적을 약탈하면서 서아프리카 부근의 섬나라 카보베르데를 지나 마젤란 해협을 회항, 1579년 11월 정향의 산지인 몰루카 제도 테르나테 섬에 도착했다.

테르나테 섬에 도착한 드레이크는 테르나테 섬의 술탄 바불라와 교섭해 정향을 대량으로 사들였다. 정향을 가득 실은 골든하인드호는 1580년 9월 하순 영국으로 돌아왔다.

이 항해의 이익률은 향신료와 약탈품을 합쳐 약 4600%(출자액의 약 46배 배당)에 달했다고 한다.

세계 일주라고 하면 단연 마젤란이 유명하지만, 항해 도중 사망하면서 살아 돌아오지 못한 점을 생각하면 살아서 세계 일주에 성공한 최초의 선장은 해적 드레이크일지도 모른다.

영국 동인도회사의 설립

드레이크가 항해에 성공한 이후 엘리자베스 여왕의 칙허장을 얻은 모험 상인 제임스 랭커스터는 1592년 플리머스 항을 출발해 말라카 해협에 도착했다. 그는 포르투갈 선박을 약탈하고 향신료 무역의 주요 항구인 자와 섬 북서단의 반담에 영국 기지를 세웠다.

　모험 상인이란 무역상과 해적이라는 두 얼굴을 가진 자라고 생각하면 이해하기 쉽다. 평소에는 무역을 생업으로 하지만 바다 위에서 스페인이나 포르투갈 선박과 마주치면 상황에 따라 해적 행위를 하는 것이다.

　1599년에는 이 같은 무역 상인이 100명 넘게 생겨났고 동인도 지역에서의 무역을 독점하기 위해 동인도회사를 설립하겠다는 탄원서를 엘리자베스 여왕에게 제출했다.

　그렇게 네덜란드 동인도회사가 설립되기 2년 전인 1600년에 영국 동인도회사가 설립되었다.

　영국 동인도회사가 설립되면서 영국은 향신료 탐색에 박차를 가했지만, 네덜란드 동인도회사에 비해 출자 규모가 10분의 1 정도밖에 되지 않았던 만큼 영향력의 차이가 여실히 드러났다.

　그 때문에 영국은 몰루카 제도에서 여러 방법을 동원해 향신료 탐색을 시도했지만, 번번이 네덜란드 때문에 진출이 막히면서 좀처럼 세력을 넓히지 못했다. 그렇게 영국과 네덜란드 사이에는 감정의 골이 깊어져 갔다.

영국과 네덜란드의 대립

영국과 네덜란드는 1619년 서로 협력하겠다는 뜻을 모아 협정을 맺었지만, 향신료를 눈앞에 둔 몰루카 제도 현지에서는 협정과 상관없이 문제가 끊이지 않았다.

그러던 중에 정향을 채취할 수 있는 몰루카 제도의 암본 섬에서 사건이 일어났다.

암본 섬에는 네덜란드가 이미 요새를 구축해두고 있었지만, 영국도 상관(商館)을 두도록 허가해주면서 양국이 공존하게 되었다.

하지만 총 길이 50km, 폭 16km의 작은 섬에서 향신료를 조금이라도 많이 획득하려고 혈안이 되어 있는 양국이 공존하는 것은 말처럼 쉬운 일이 아니었다.

당시 영국과 네덜란드의 동인도회사는 항해와 현지 경호, 그리고 전투에 대비한 용병으로 사무라이를 고용하고 있었다.

일본에서는 1614년에 오사카 전투가 끝나고 전국시대가 막을 내리면서 대규모 전쟁이 사라지자 많은 사무라이가 일자리를 잃었다.

거기에 주목한 유럽 각국이 도쿠가와 막부의 허가를 받아 동아시아를 공략하기 위한 전력으로써 막강한 사무라이를 고용한 것이다.

사무라이들은 전국시대의 수많은 전투에서 살아남은 자들인 만큼 몰루카 제도에서 벌이지는 전투에서 커다란 활약을 했다.

암본 섬에도 용병으로 고용된 사무라이들이 있었다. 영국 상관 소속 사무라이들은 네덜란드의 요새를 습격하는 임무를 맡고 있었다. 그러던 어느 날 영국 상관원은 물론 용병 사무라이들이 네덜란드인에게 잔혹한 고문을 받고 처형당하는 사건이 발생했다. 바로 암본 사건이다.

이러한 일련의 사건이 발생하면서 영국과 네덜란드의 협력 관계는 결렬되었다. 현지에서 향신료를 탐색하는 데 충분한 성과를 거두지 못하고 있던 영국은 몰루카 제도에서 철수하려는 움직임을 보이고 있었는데, 이 사건으로 인해 철수가 가속화되었다.

암본 사건으로 영국은 네덜란드에 깊은 원한을 품게 되었고, 이후 영국-네덜란드 전쟁의 불씨가 되었다.

기술로 시작되어 기술로 끝난 향신료 전쟁

이처럼 유럽 각국이 피를 흘리면서까지 향신료를 두고 다툰 향신료 전쟁은 의외의 형태로 막을 내렸다.

막을 내리는 데 중요한 역할을 한 것은 바로 프랑스다.

프랑스도 1527년 몰루카 제도로 두 척의 배를 출항시켰지만 향신료를 구하는 데 실패했고, 배까지 한 척 잃은 상태로 1530년 귀국했다. 이후 프랑스는 향신료 무역을 포르투갈에 맡기고 오로지 아프리카 서해안에서 포르투갈 선박을 약탈하는 일에 전념했다.

그러는 가운데 1770년 마다가스카르 동쪽 모리셔스 섬을 감독하던 프랑스인 제독이 정향과 육두구의 모종을 자신의 섬에 몰래 들여와 이식하는 데 성공했다.

당시 스페인도 육두구나 정향 등 향신료의 이식 재배를 시도하고 있었지만, 기술적으로 미숙해 실패를 거듭하던 상황이었다. 그런 만큼 프랑스의 성공은 쾌거라고 할 수 있었다.

원산지에서 가져온 묘목으로 재배하는 기술이 진화함에 따라 영국이 정향과 육두구를 말레이반도 서쪽 페낭 섬에 이식했고, 그렇게 향신료의 재배지는 확대되었다.

어느덧 원산지보다 이식지에서 생산되는 양이 많아지면서 향신료 원산지로서의 몰루카 제도에 대한 유럽 각국의 식민지 정책은 그 의의를 상실했고 향신료 전쟁은 자연스레 소멸되었다.

향신료 전쟁은 이식기술 진화에 따라 종언을 맞이했는데, 돌이켜보면 향신료 전쟁을 끌어낸 원인 가운데 하나가 조선 기술의 진화였다.

대양을 건널 수 있는 배가 개발되지 않았다면 향신료 전쟁은 일어나지 않았을 것이다. 즉, 향신료 전쟁의 시작과 끝에는 기술의 진화라는 배경이 있었다.

일반적인 고정관념을 깨기 위해 제1장에서는 현대에서는 '자원'이라고 받아들이기 힘든 향신료를 최초의 자원쟁탈 사례로 살펴보았다.

자원은 땅속 깊이 묻혀 있는 화석연료를 가리키는 것이 아니다. 사람들이 관심을 보이고 의도를 가지고 나서기 시작하면 무엇이든 자원이 될 가능성이 있다.

그리고 그것을 자원으로써 활용하고 또한 쇠퇴시킨 배경에는 항상 기술의 진화가 있었다.

지금 21세기 지구인은 발상을 전환해 탈탄소 사회를 향해 나아가야 하는 상황에 놓여 있다.

【 참고문헌 】

庄司邦昭「船が開いた世界の扉」『季刊新日住金』Vol.2、2013年5月
フレッド・ツァラ『スパイスの歴史』原書房、2014年
マレーシア政府観光局Webサイト　http://www.tourismmalaysia.or.jp/region/malacca/history.html
合田昌史「〈論説〉世界分割の科学と政治：「モルッカ問題」をめぐって」京都大学情報リポジトリ紅、
1992年11月1日
生田滋『大航海時代とモルッカ諸島』中公新書、1998年
山田吉彦『海賊の掟』新潮新書、2006年
竹田いさみ『世界史をつくった海賊』ちくま新書、2011年
『山川 日本史小辞典』(改訂新版)2016年、山川出版社　http://www.historist.jp/word_w_a/entry/
038873/

제 2 장

근대화의
문을 연 석탄

01

삼림파괴를 막은 석탄

삼림자원 고갈 문제에 직면한 유럽

대항해시대가 열리고 유럽 각국이 해외 식민지 정책을 펼치면서 무역선과 군함의 건조가 늘어났고, 배를 만들기 위한 목재가 부족해지는 사태가 벌어졌다.

1588년 스페인의 무적함대가 영국함대에 패하는 등 국가의 안전보장을 위해서는 군함이 절실했는데, 포대를 갖춘 군함 한 척을 건조하려면 거대한 참나무 약 2500그루가 필요했다.

참나무 목재
참나무과 참나무속의 총칭으로 졸참나무 목재를 말한다. 가공하기 쉬운 종이 많고 가구나 바닥재 등에 사용된다.

게다가 전투로 배가 파손되거나 바닷속 좀조개가 목재를 갉아 먹어 10년 혹은 20년마다 배를 다시 건조해야 했다. 그로 인해 막대한 양의 목재가 잘려 나갔다.

목재가 필요한 곳은 조선뿐만이 아니었다. 16세기 당시 철을 만들기 위해서는 목재를 원료로 한 목탄이 사용되었기 때문에 철의 증산 역시 삼림자원의 고갈을 촉진했다.

유럽 가운데 특히 영국이 삼림자원이 감소하는 문제에 시달리고 있었다. 섬나라인 영국은 타국과 비교해 삼림자원이 부족한데다가 수요도 왕성했다.

16세기 초반 영국의 철 생산량은 독일의 두 배, 프랑스의 여섯 배에 해당하는 연간 약 6만t에 이르렀다. 연간 6만t의 철을 생산하기 위해서는 약 12만t의 목탄이 필요했고, 그 목탄을 만드는 데는 약 120만t의 원목이 필요했다.

프랑스에서도 철의 증산을 위해 목탄을 대량으로 소비하면서 16세기 초 국토의 35%를 차지하던 삼림 면적이 17세기 중반에 25%까지 감소했다.

이러한 삼림자원의 감소는 유럽 전역에서 일어났고 18세기에는 위기 상황에 놓였다. 이런 사태를 멈춘 것이 바로 석탄이다.

고문서에 등장하는 석탄

석탄은 그 역사가 깊다. 기원전 4세기부터 기원후 3세기 무렵 진·한 시대에 집필된 것으로 추정되는 고대 중국 지리서 『산해경』이나 삼국시대의 지리서 『수경주』에도 석탄이 등장한다.

또한 중국 신장문물고고연구소가 2015년 6월 지렌 타이고우커우 유적과 분지에서 시행한 발굴조사에서는, 대량의 석탄, 숯가루, 타고 남은 석탄 덩어리, 고대인이 조리와 난방을 위해 사용한 것으로 추정되는 화덕과 재 구덩이가 발견되었다.

이 유적은 지금으로부터 약 3500년 전 청동기시대의 것으로 추정되며 이미 그때부터 중국에서는 석탄이 사용되었다는 사실을 알 수 있다.

기원전 315년 고대 그리스 문헌에는 대장간에서 석탄을 사용했다는 기록이 나온다. 그만큼 석탄은 먼 옛날부터 쓰여왔다.

목탄에서 석탄으로 전환을 이끈 다비 가문

18세기에 들어서도 제철에는 목탄이 필요했기 때문에 목재 가격이 계속해서 상승했고, 종종 제철공장이 조업 중지 위기에 몰리는 일이 발생했다.

앞서 말했듯 석탄은 고문서에 등장할 정도로 옛날부터 사용되어 왔는데, 어째서 철 제조에 석탄을 사용하지 않았는지에 대해 의아하게 생각할지도 모른다. 하지만 목탄을 고집한 데는 이유가 있다.

석탄으로 철을 제련하면 석탄에 함유된 유황의 영향으로 철이 물러진다. 이 단점을 해소하기 위해 오랜 기간 기술개발에 힘썼지만 좀처럼 해결되지 않았다.

16세기부터 이어져온 이 같은 문제를 해결한 것이 영국의 에이브러햄 다비 1세다.

공기를 차단한 상태로 석탄을 가열하면 유황 함유율이 낮은 코크스라는 연료를 얻을 수 있다. 다비 1세는 코크스를 이용한 제철법을 1709년에 개발했다.

그리고 그의 아들인 다비 2세가 1735년 코크스 용광로로 강철의 원료가 되는 선철을 생산하는 데 성공하면서 석탄을 사용한 철의 제조는 더욱 진화했다.

석탄을 코크스로 만들어 이용하는 다비 가문의 기술개발 덕분에 오랜 기간 목탄이라는 자원에 의존하고 있던 제철 분야는 석탄을 사용하는 방향으로 조금씩 변해갔다.

기술의 진화가 목탄이라는 자원을 석탄이라는 자원으로 전환시킨 계기가 된 것이다.

【 참고문헌 】

リチャード・ローズ『エネルギー400年史』草思社、2019年

田中紀夫「エネルギー文明史―その3 三大エネルギー革命と自然環境の変貌」石油・天然ガスレビュー、独立行政法人 石油天然ガス・金属鉱物資源機構、2004年9月号

松島潤、川崎達治、窪田健二、鈴木秀顕、高橋豊、冨田新二、早坂房次、林農、松田智『エネルギー資源の世界史』一色出版、2019年

サイエンスポータルチャイナWebサイト「新疆で中国最古の石炭使用跡発見！ 石炭使用開始の歴史千年以上早まる」独立行政法人科学技術振興機構、2016年11月3日 https://spc.jst.go.jp/news/161101/topic_3_04.html

02

석탄과 영국의 산업혁명

석탄을 캐기 위해 개발된 증기기관

다비 1세가 코크스 제철법을 개발해낸 비슷한 시기에 석탄 채굴 분야에서
도 혁신적인 기술의 진보가 있었다.

삼림자원의 감소로 장작 대신 저렴한 석탄이 가정의 난방 등에 사용되
면서 석탄 채굴이 늘어나기 시작했다. 하지만 석탄을 채굴할 때 탄광에서
솟아오르는 지하수로 인해 석탄 채취 효율은 좀처럼 높아지지 않았다.

탄광에서 솟아나는 물을 퍼내는 작업에는 말이 사용되었는데, 말의 힘
만으로는 많은 시간과 노동력이 투입되어야 했기 때문에 말보다 힘이 센
새로운 동력이 필요해졌다.

그때 등장한 것이 1712년 토머스 뉴커먼이 개발한 증기기관이다.

원리는 이렇다. 석탄으로 보일러를 때서 발생하는 증기를 실린더에 가득

채운 뒤 실린더 내부에 차가운 물을 분사해 증기를 응축시킨다. 그러면 실린더 내부 압력이 줄어들어 진공상태가 된다.

실린더 안이 진공상태가 되면 실린더에 연결된 피스톤이 대기압에 눌려 내려가면서 물을 빼낸다.

뉴커먼이 발명한 증기기관은 지하 약 47m 갱도에서 물을 퍼 올렸고, 그 비용도 말을 사용한 경우의 6분의 1밖에 들지 않았다.

그렇게 인류 역사상 최초로 열을 동력으로 하는 증기기관이 실용화되었다.

증기기관 실용화의 폭을 넓힌 와트

뉴커먼의 발명은 증기기관을 실용화시켰지만, 연료로서 많은 석탄이 필요했다. 또 상하 왕복운동밖에 하지 못하는 등 부족한 점이 많았다.

이 같은 문제를 개선하고 증기기관 실용화의 폭을 넓힌 것이 유명한 제임스 와트다.

뉴커먼의 증기기관은 하나의 실린더로 증기를 데우거나 식히는 구조였

제임스 와트(1736~1819)
영국의 기계기술자. 토머스 뉴커먼의 대기압 기관을 개량한 증기기관을 발명, 산업혁명의 발전에 공헌했다. 그 공적을 기려 국제단위계(SI) 일률 단위인 '와트'는 그의 이름에서 따왔다.

다. 한 번 식은 실린더를 다시 가열해야 했기 때문에 연료로 많은 양의 석탄이 필요했다.

석탄을 채굴하기 위한 증기기관이 오히려 석탄을 많이 소비한다는 주객전도의 상황이 발생하는 것이다.

뉴커먼이 발명한 증기기관에 문제가 있다고 느낀 와트는 효율을 높일 기술을 개발하는 데 나섰다.

그는 실린더 안에서 데운 증기를 별도의 응축기에 옮겨 담았고 그 안에서 냉수를 분사해 증기를 응축시켰다. 그러면 실린더를 식히지 않아도 되므로 고온을 유지할 수 있었다. 이것이 바로 '분리응축기'(복수기)다.

와트가 개발한 '분리응축기' 덕분에 증기기관의 효율은 뉴커먼의 증기기관보다 3배나 높아졌다.

와트는 증기기관 개발에 더욱 매진했고, 1775년 사업가인 매슈 볼턴과 손을 잡고 '볼턴앤드와트'를 설립했다.

1781년에는 실린더 내부 피스톤이 내려갈 때뿐만 아니라 올라갈 때 반대쪽에서도 증기를 보내서 상하 왕복운동을 회전운동으로 바꾸어주는 기술을 개발했다. 성능과 범용성이 높아진 증기기관은 방적공장이나 직물공장 등에서 널리 사용되었다.

세계 첫 석탄 증기를 이용한 교통수단의 등장

뉴커먼과 와트가 진공과 대기압의 차이를 이용한 대기압 증기기관을 발명하고 실용화를 이루어낸 한편, 리처드 트레비식은 고압 증기만으로 피스톤을 직접 작동시키는 고압 증기기관을 발명해 실용화시켰다.

뉴커먼과 와트의 대기압 증기기관은 출력을 높이려면 실린더를 크게 만들어야 했다.

볼턴앤드와트가 1792년에 제작한 대기압 기관은 실린더의 지름이 약 175cm, 상하 왕복운동을 하는 스트로크의 길이가 270cm나 되는 초대형 기기였다.

이에 비해 고압 증기기관은 크기와 상관없이 증기의 압력을 높이면 높일수록 더욱 강한 힘으로 작동하므로 압력을 견뎌내는 견고한 보일러만 있다면 크기를 줄이는 것이 가능했다.

게다가 고압 증기기관에는 '분리응축기'가 필요하지 않았기 때문에 기계 구조가 단순해진다는 이점도 있었다.

트레비식은 우선 고압 증기기관을 이용한 자동차를 제작했다.

1801년 크리스마스에 연기 뿜는 악마(Puffing Devil)라고 이름 붙인 증기 자동차를 시험 운전했다. 연기 뿜는 악마는 사람 7~8명을 태우고 멋지게 주행해냈고, 세계 첫 증기기관을 동력으로 하는 교통수단으로서 세상에 선보였다.

1803년에는 런던에서 약 6개월 동안 개량을 거쳐 실용성을 높인 증기 자동차를 운행했다.

증기 자동차를 세상에 내놓은 트레비식은 이윽고 증기 기관차 개발에 나섰다. 1804년 2월 21일 화물차와 객차에 철 10t과 승객 70명을 실은 증기 기관차 페니다렌이 세계 처음으로 레일 위

리처드 트레비식
(1771~1833)

를 달리는 데 성공했다.

증기 기관차 주행을 성공시킨 트레비식은 탄광이나 철광석 채굴장의 배수용 고압 증기기관을 제작, 판매했다. 석탄과 철광석의 수요가 확대됨에 따라 탄광이 점점 더 깊어지고 있었기 때문에 효율적인 배수가 필요한 상황이었다.

트레비식이 제작한 고압 증기기관은 그 구조상 볼턴앤드와트의 대기압 기관보다 소형이면서 효율이 높았고 가격도 저렴했다.

배수용 고압 증기기관을 제조, 판매하면서 고압 증기기관의 다양한 기술을 향상시킨 트레비식은 새로운 증기 기관차를 개발했다. 그 이름은 '캐치미후캔(Catch Me Who Can)'이었다.

조금 별난 이름이지만 '누구든 잡아볼 테면 잡아봐라'라는 의미다. 새롭게 개발한 기관차에 대한 트레비식의 자신감이 엿보이는 이름이다.

트레비식은 캐치미후캔의 성능을 세상에 선보이고 홍보하기 위해 대형 이벤트를 기획했다. 1808년 7월 런던 노스 가워 스트리트와 유스턴 로드 주변 공터에 지름 약 30m의 원형 레일을 깔고 그 주위를 담장으로 둘러친 이벤트 공간을 마련한 뒤 그 안에서 캐치미후캔을 시범 운행했다.

이벤트는 캐치미후캔의 시승권이 판매되는 등 흥행에 성공하는 듯 보였지만, 지면이 질척거리고 레일이 파손되는 문제들이 발생하면서 기대만큼 사람들의 관심을 끌어내지는 못했다.

캐치미후캔을 제대로 흥행시키지 못한 트레비식은 결국 증기 기관차의 개발, 판매를 단념했다.

트레비식은 고압 증기기관을 개발하고 증기 자동차, 증기 기관차를 세상에 선보이는 위업을 달성했다. 하지만 증기기관을 동력으로 한 교통수단을 실용화시키는 데는 이르지 못한 채 빈곤한 말년을 보내다가 생을 마쳤다.

산업혁명의 대명사, 증기 기관차의 실용화

트레비식이 처음으로 증기 기관차를 달리게 한 때로부터 21년 후, 드디어 증기 기관차의 실용화가 이루어졌다. 역사에 이름을 남긴 그 인물은 '철도의 아버지'라고 불리는 조지 스티븐슨이다.

조지 스티븐슨이라고 하면 증기 기관차를 개발한 인물이라고 오해하는 사람이 많다.

앞서 말했듯 증기 기관차를 개발한 것은 트레비식이지 스티븐슨이 아니다. 증기 기관차의 실용화가 역사 인식을 오해하게 할 만큼 그 영향력이 엄청났기 때문일 것이다.

스티븐슨은 영국의 토목기술자이자 기계기술자다. 스티븐슨이 처음 증기 기관차를 제작한 것은 1814년으로, 킬링워스 탄광의 석탄운송용 증기 기관차를 설계했다.

조지 스티븐슨(1781~1848)
영국의 발명가. 와트의 증기기관을 응용해 증기 기관차를 제작했다. 1825년에 세계 최초의 철도를 건설했다.

프로이센 장군의 이름에서 따와 '블뤼허'라고 불린 스티븐슨의 첫 기관차는 세계 최초로 바퀴에 플랜지 휠을 부착해 바퀴와 선로의 마찰로 주행하는 기관차였으며 시속 6.4km로 석탄 30t을 싣고 경사로를 오르는 데 성공했다.

블뤼허 제작 후에도 증기 기관차 개발에 매진하던 스티븐슨은 그 기술력을 인정받아 스톡턴과 달링턴 구간을 잇는 철도 건설을 맡았다. 그리고 1825년 9월 27일 세계 최초로 증기 기관차의 공공철도, 스톡턴-달링턴 철도가 개통되었다.

스톡턴-달링턴 철도는 석탄 운송을 목적으로 한 증기 기관차였기 때문에 사람이 타는 객차는 말이 견인했다. 증기 기관차와 말이 함께 스톡턴-달링턴 철도의 레일 위를 달리고 있었던 만큼 철도로서는 아직 원시적인 형태였다고 할 수 있다.

스티븐슨은 근대적인 철도의 건설에도 힘썼다. 바로 리버풀-맨체스터 철도다. 이 철도는 증기 기관차 전용으로, 영국 최대 규모의 무역항 리버풀과 공업 도시 맨체스터 사이 약 50km를 승객까지 태운 상태로 달릴 계획이었다.

하지만 철도 건설은 순조롭지 않았다. 운하나 역마차 관계자, 숙박업자들이 자신들의 상권에 악영향을 미칠 것을 우려해 선로 예정지 측량을 방해하는 등 반대가 극심했다.

그 무렵 증기 기관차에 대해 '열차 속도가 48km를 넘으면 차내에 공기가 들어가지 않아 질식사한다', '기차 소리에 놀라 소가 우유를 만들어내지 못하게 된다' 등의 소문이 퍼지면서 반대하는 목소리는 더욱 거세졌다.

어느 시대나 새로운 체제로 이동하는 과정에는 기존 체제의 커다란 저항이 일어나기 마련이다. 철도라는 새로운 이동 수단도 낡은 체제의 저항에 부딪히고 만 것이다.

이러한 반대를 잠재우기 위해, 그리고 증기 기관차가 최적의 선택지라는 사실을 확인하기 위해서라도 거대한 실린더를 수직으로 세운 증기 기관차를 사용하는 것이, 화물을 케이블로 끄는 기존의 방식이나 말 같은 이동

☑ COLUMN ● ● ●

세계 최초의 철도 사고

진정한 의미에서의 증기 기관차를 이용한 세계 첫 공공철도라고 할 수 있는 리버풀-맨체스터 철도가 개통되었지만, 그 개통식에서 세계 최초의 철도 사고 역시 일어났다. 리버풀-맨체스터 철도 개통에 공적이 있는 리버풀의 하원 의원 윌리엄 허스키슨이 개통식에 참가했다가 기관차에 치여 사망하는 사고가 발생한 것이다. 증기 기관차를 이용한 세계 첫 공공철도 리버풀-맨체스터 철도의 개통식은 아이러니하게도 세계 최초의 철도 사고가 일어난 날로도 사람들의 기억에 남겨지게 되었다.

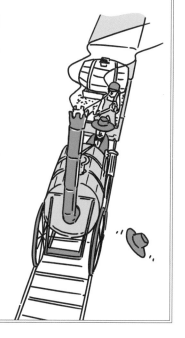

수단보다 압도적으로 훌륭하다는 사실을 증명해 보일 필요가 있었다.

그래서 리버풀-맨체스터 철도 이사회는 기관차 경주대회를 열어 가장 우수한 기관차를 채택하기로 했다. 대회는 리버풀 동쪽 16km 부근에 있는 레인힐이라는 마을에서 1829년 10월 초순에 개최되었다. 대회 당일에는 경주를 보려고 1만 명 이상의 사람이 몰려들었다.

대회에 참가하기 위해서는 속도나 안전 기준 등 높은 참가 기준을 통과해야 했다. 그러한 기준을 모두 통과한 증기 기관차는 총 다섯 량이었고, 그 가운데에는 스티븐슨 부자가 개발한 '로켓'도 있었다.

조지 스티븐슨의 아들인 로버트 스티븐슨은 우수한 기술자였던 동시에 아버지가 경영하는 회사의 공동경영자였다. 로켓은 스티븐슨 부자의 증기 기관차 기술의 결정체라고 할 수 있었다.

대회는 유일하게 마지막까지 달린 로켓의 압승으로 끝났고, 이로써 증기 기관차의 우수한 성능이 증명되었다.

대회에서 우승한 로켓은 리버풀-맨체스터 철도에 채택되었고, 1830년 12월 1일에 시범 운행을 했다. 목화, 밀가루, 맥아, 오트밀과 승객 15명을 실은 총 중량 86t의 열차는 평균속도 20km로 주행하는 데 성공했다. 그로부터 9개월 후인 1831년 9월 15일 모든 철로가 개통되면서 산업혁명의 대명사라고도 할 수 있는 증기 기관차를 이용한 공공교통기관이 탄생했다.

【 참고문헌 】

リチャード・ローズ『エネルギー400年史』草思社、2019年
http://www.cc.matsuyama-u.ac.jp/ kwatanab/Ztaikai/2015/
田中紀夫「エネルギー文明史―その3 三大エネルギー革命と自然環境の変貌」『石油・天然ガスレビュー』独立行政法人 石油天然ガス・金属鉱物資源機構、2004年9月号

03

석탄이라는 자원이 가져다준 것

자원은 곧 번영의 조건

앞서 말했듯 석탄은 삼림자원 고갈 문제에 대응하기 위해 사용되기 시작했다.

사람들은 지혜를 짜내어 석탄의 약점을 극복한 코크스를 개발했고, 석탄은 그저 대체 자원으로서가 아니라 실질적으로 이용 가치가 높은 자원이 되었다.

또한 석탄을 연료로 한 대기압 증기기관이 개발되면서 열에너지를 동력에너지로 전환할 수 있게 되었다. 탄광의 배수를 효율적으로 만들었고, 방적공장, 직물공장의 생산성을 향상시켰다.

증기기관은 고압 증기기관으로 진화했고 대량의 물건을 빠르고 정확하게 운송하는 증기 기관차를 이용한 공공교통망이 확충되었다. 증기 기관차의 실용화는 시간과 공간의 개념을 크게 바꾸어놓았다.

이러한 일련의 석탄 이용이 영국을 중심으로 일어나면서 영국에 산업혁명이라고 불리는 번영을 가져다주었다. 석탄 이용에 따른 산업혁명은 영국에서 시작되어 곧 미국에 영향을 미쳤고 뒤이어 세계 각국으로 퍼져나갔다.

현재 우리의 일상은 무언가의 에너지원으로 동력기관을 비롯한 각종 장치를 가동해 높은 생산성과 쾌적한 삶을 실현하고 있다. 그러한 에너지원으로서 근대화의 문을 연 것이 바로 석탄이다.

이 시대에 석탄을 두고 싸우는 자원쟁탈은 일어나지 않았다. 하지만 석탄이라는 자원 없이는 번영할 수 없다는 점, 즉 자원이 번영의 조건이라는 사실을 전 세계가 실감하는 동시에 자원 확보의 중요성을 강하게 인식하게 되었다.

일본에 몰려온 거대한 증기선

영국발 증기기관의 발달과 석탄 자원의 부각은 머나먼 일본에까지 그 영향을 미쳤다.

1853년 6월 3일 4척의 함대를 이끌고 일본 우라가 앞바다에 나타난 미 해군 페리 제독은 일본과 미국의 우호와 통상 무역, 석탄과 물·식량의 공급, 표류민 보호를 요청하는 미국 필모어 대통령의 국서를 내밀며 일본에 '개항'을 요구해왔다.

페리 제독의 함대 4척 가운데 사령선 '서스케하나호'와 '미시시피호'는 증기 기관선이었다. 석탄을 때어서 보일러로 증기를 만들고 증기로 엔진을 움직이고 그 힘으로 선체 중앙 양쪽에 달린 바퀴를 회전시켜 앞으로 나아가는 구조였다.

사령선인 서스케하나호는 1850년에 건조되었으며 총 길이 78.3m, 배수량 2450t, 승조원 300명 규모의 배였다.

일본 에도시대의 운송선은 약 100t 정도였는데, 그보다 20배 넘게 큰 서스케하나호는 당시 일본사람들의 눈에 무척이나 거대해 보였을 것이다.

'태평의 잠을 깨우는 증기선, 단 4척에 밤이 되어도 잠들지 못하고'라는 풍자시가 남아 있듯, 생전 처음 보는 거대한 증기선의 출몰에 사람들이 밤에도 잠 못 이룰 정도로 놀라워했다는 사실을 알 수 있다.

석탄이 목적이었던 페리 제독의 내항

당시 구미 각국에서는 양초나 등유, 윤활유를 제조하는 데 고래에서 얻을 수 있는 유분 '경랍'을 사용했다. 때문에 미국에서는 기름을 얻기 위한 포경이 활발하게 이루어지고 있었다.

매슈 페리(1794~1858)
미국의 해군. 동인도함대 사령관으로서 1853년 군함 4척을 이끌고 일본 우라가 앞바다에 내항해 개항을 요구했다. 이듬해 다시 내항해 미일화친조약을 체결했다.

페리 제독이 내항한 것도 일본을 포경선의 중계기지로 삼는 것이 하나의 목적이었지만, 필모어 대통령의 국서에 나와 있듯 석탄 확보 역시 중요한 목적이었다.

당시 일본 염전에서는 소금을 제조할 때 바닷물을 끓이기 위해 장작을 사용했다. 그 결과 유럽과 마찬가지로 삼림 벌채가 횡행했고 일본도 장작이 점차 고갈되는 상황에 놓여 있었다.

그러자 장작을 대신할 연료로써 야마구치현 우베 지방과 후쿠오카현 지쿠고 지방에 있는 석탄이 주목받았고, 18세기 후반에는 제염을 하기 위해 석탄 채굴이 성행했다.

일본에 석탄 자원이 있다는 사실을 알게 된 미국은 일본을 아시아 무역의 중계기지로 삼고자 했다.

미국에서 아시아까지 기나긴 여정을 위해서는 많은 양의 석탄을 싣고 가야 했기 때문에 상대적으로 화물을 실을 공간이 부족했다. 하지만 일본에서 석탄을 보급할 수 있다면 석탄량을 줄이고 더 많은 화물을 실을 수 있을 것이다.

그리하여 페리 제독은 1854년 1월 16일 7척의 함대를 이끌고 또다시 일본에 내항해 화친조약의 체결을 압박했고, 도쿠가와 막부는 3월 3일 요코하마에서 12개조의 미일화친조약(가나가와조약)을 체결했다.

페리 제독은 일본에서 석탄을 확보하는 것이 곧 미국의 번영에 기여하는 일임을 잘 알고 있었다.

이것이 바로 미국이 극동의 소국인 일본의 개항을 고집한 이유였다.

유럽연합 설립의 계기가 된 석탄

석탄을 위해 페리 제독이 일본에 개항을 압박했듯 석탄은 현대에 이르기까지 국제관계에 다양한 영향을 미쳐왔다. 현재 유럽의 정책을 움직이고 있는 유럽연합의 설립도 사실은 석탄의 영향이 컸다.

제2차 세계대전 후인 1952년에 프랑스, 서독, 이탈리아, 베네룩스 3국(벨기에, 네덜란드, 룩셈부르크), 이렇게 6개국은 석탄·철강의 생산을 공동관리하는 유럽석탄철강공동체(ECSC)를 설립했다.

ECSC를 결성한 목적은 독일과 프랑스의 석탄·철강 자원을 공동기관 관리하에 두고 독일과 프랑스 사이의 군사적 대립을 영구히 회피하는 데 있었다.

석탄과 철강은 군사 산업의 중핵이었다. 탄광이나 제철소가 집중되어 있던 독일과 프랑스 국경 부근의 알자스, 로렌, 자르, 루르 지방의 영토적 귀속을 둘러싸고 양국은 여러 차례 전쟁을 일으켜 왔다. 그래서 군사적 수단이 아니라 국제적 패러다임의 구축이라는 규칙을 설정해 그 원인을 제거하기로 한 것이다.

ECSC는 그 효과를 발휘했고 가맹국도 6개국에서 다섯 차례에 걸쳐 증가해 27개국이 되면서 유럽 전역으로 확대되었다. ECSC는 이후 유럽공동체(EC), 나아가 현재의 유럽연합(EU)으로 발전하는 유럽 통합의 기반이 되었다.

이렇게 세계는 석탄이라는 자원이 번영을 위해 없어서는 안 될 조건이라는 점, 그리고 그것을 컨트롤하는 것이 국제관계를 좌우한다는 점을 직접 경험하고 자원이 얼마나 중요한지를 깨닫게 되었다.

【 참고문헌 】

横須賀市民文化財団 編集『続横須賀人物往来』(財)横須賀市生涯学習財団、1999年
EU MAG「EUはどのように創設されたのですか？」http://eumag.jp/questions/f0513/

제 3 장

자원 쟁탈전을
가속시킨
석유와 천연가스

01

'불타는 물', 석유의 등장

고대부터 이용되어온 석유

근대화의 문을 열고 자원의 중요성을 세상에 알린 석탄은 석유라는 차기 자원이 등장하면서 주역의 자리에서 물러나게 된다.

석유의 존재는 오랜 옛날부터 알려져 있었는데, 기원전 3000년경 메소포타미아 지방에서는 지면으로 스며 나온 원유가 변해서 생성된 탄화수소를 건축의 접착이나 수로의 방수 등에 사용했다. 그것이 바로 천연 아스팔트다.

기원전 3000년경 이집트에서도 미라를 보존하기 위한 방부제로 천연 아스팔트를 사용했다.

『구약성서』에는 노아의 방주 방수제와 바벨탑의 벽돌 접착제로 천연 아스팔트가 등장한다.

일본에서는 중석기에서 신석기에 이르는 시기인 조몬 시대부터 접착제로 천연 아스팔트를 사용해 왔다. 아오모리현, 아키타현, 니가타현 등지의 유적에서 천연 아스팔트를 사용한 화살촉과 아스팔트로 보수된 석기, 토우가 다수 출토되었다.

또한 일본의 역사서 『니혼쇼키』에는 668년 고시노쿠니(지금의 니가타 지방)에서 당시 수도였던 오우미노오쓰노미야로 '불타는 흙'과 '불타는 물'을 헌상했다는 기록이 남아 있다.

아스팔트에서 생산된 등유

현재 석유는 가솔린차의 연료를 비롯해 다양한 용도로 사용되고 있는데, 석유를 가공해 가장 먼저 만들어진 것은 불을 밝히는 등유다.

석유가 굴착되기 전까지는 오로지 지면으로 스며 나온 아스팔트를 사용했다. 카리브해의 섬나라 트리니다드토바고에 있는 피치 호수나 로스앤젤레스의 라브레아 타르 연못 등은 천연 아스팔트가 솟아나는 곳으로 널리 알려져 있었다.

이러한 아스팔트를 이용해 등유를 만들어낸 사람은 캐나다의 에이브러햄 게스너 박사다. 게스너 박사는 트리니다드 섬의 아스팔트를 이용해 약 2000회에 걸쳐 분리실험을 했고, 1846년에 증류를 통한 등유 정제에 성공했다.

막 분리해 정제한 등유는 연소할 때 코를 찌르는 냄새와 엄청난 연기를 동반했기 때문에 그 상태로는 도저히 사용할 수가 없었다. 그래서 산이나 석회로 가공처리를 했다. 결국 냄새나 연기가 나지 않는 등유, 케로신을 제조해냈다.

게스너 박사는 공동경영자와 함께 조명용 연료를 생산하는 북미등유회사(The North American Kerosene Company)를 설립하고 케로신 양산에 돌입했다. 당시 케로신은 경유나 경랍보다 몇 배나 밝았고 가격도 경랍의 6분의 1, 가스등의 절반이라는 저렴한 가격으로 높은 평가를 받았다.

케로신이라는 등유는 지금도 캠핑에서 흔히 볼 수 있는 랜턴의 연료로 사용되며 여전히 그 밝기와 우수한 가성비를 인정받고 있다.

이 같은 높은 평가 속에서 북미등유회사는 케로신을 양산했다. 1859년에는 하루 1.9만L, 연간 570만L가 넘는 케로신을 생산하며 석유를 가공한 최초의 제품을 세상에 선보였다.

아스팔트를 대신할 오일 크리크의 석유

케로신 양산이 진행되면서 탄갱에서 나오는 역청탄이 케로신의 주된 원료로 사용되기 시작했다.

그와 동시에 등유를 생산하는 회사가 우후죽순으로 생겨나면서 과당경쟁 양상을 보였다. 등유를 생산해 더 많은 이익을 얻기 위해서는 탄갱에서 수고와 비용을 들여 채굴하는 역청탄이 아니라, 좀 더 낮은 가격으로 등유를 정제할 수 있는 원료가 필요했다. 이때 주목받은 것이 오일 크리크의 석유다.

당시 미국 펜실베이니아주 서부의 베낭고 카운티 농장에서 지면으로 석유가 솟아 나와 강처럼 흐르는 '오일 크리크'가 발견되었다. 오일 크리크 유역에 살던 원주민인 세네카족은 오일 크리크의 석유를 가열해 만든 연고를 만병통치약으로 사용하고 있었다.

원주민이 약으로 사용하던 석유는 아스팔트에서 등유를 만들어내는 방법과 같은 방법으로 만들어진 것이었다. 석유에서 등유를 정제하는 것이 가능하다는 사실을 알고 있었기 때문에 탄갱에서 노동력을 들여 역청탄을 파내기보다는 땅에서 솟아오르는 액체 형태의 석유를 사용하면 종래보다 낮은 가격에 등유를 정제할 수 있으리라 생각한 것이다.

하지만 그 당시에는 석유 가격이 자리 잡혀 있지 않았다. 석유를 상업화하려면 어느 정도의 투자가 필요한지, 투자한 만큼의 석유를 오일 크리크에서 어떻게 산출해야 하는지 등 산출 방법조차 모를 정도로 모색 단계에 머물러 있었다.

세계 첫 암염굴착기술을 이용한 석유 산출

석유는 쓸모가 있는 자원인가? 그 질문에 답을 낸 것이 에드윈 L. 드레이크다.

본래 드레이크는 매사추세츠와 미시간 사이를 달리는 철도의 차장이었는데, 코네티컷주 뉴헤이븐의 세네카 석유회사가 그를 석유 채굴 현장의 책임자로 영입했다.

드레이크는 그동안 석유와 관련 없는 일을 해

에드윈 L. 드레이크
(1819~1880)

왔던 데다가 채굴기술자도 아니었기 때문에 이례적인 채용이라고 할 수 있었다.

드레이크는 과거 미시간주의 민병으로 근무하면서 대령의 지위까지 올랐다고 한다. 진짜 대령이었는지에 대해서는 다양한 설이 있지만, 채굴 현장이었던 펜실베이니아주 오일 크리크 유역의 타이터스빌에서는 그를 드레이크 대령이라고 불렀다.

석유 채굴은 도랑을 파서 석유가 스며 나오게 하는 방법으로 여러 차례 시도되었지만, 생각처럼 석유를 채굴해내지 못했다. 그래서 드레이크는 당시 널리 쓰이고 있던 증기기관을 이용한 암염굴착기술을 석유 채굴에 응용하기로 했다.

당시에는 증기기관을 이용해 염정이라고 불리는 우물을 파고, 땅속 암염에서 스며 나오는 염수를 퍼낸 뒤 증발시켜서 소금을 제조하는 것이 일반적이었다.

그때 종종 석유가 섞여서 올라오기도 했기 때문에 그런 석유를 모아서 파는 경우도 있었다.

드레이크는 이 기술을 이용해 석유가 매장된 장소에 우물을 파면 염수를 퍼내듯 석유를 퍼낼 수 있으리라 생각한 것이다.

1858년 5월 타이터스빌에 도착한 드레이크는 석유를 채굴하기 시작했다. 채굴 효율을 높이기 위해 시추한 우물에 목제 케이싱 파이프를 박아서 우물의 붕괴를 막고 유지하는 기술도 개발했다. 하지만 어디를 파야 석유가 나오는지 전혀 알 수가 없었기 때문에 채굴은 난항이었다.

드레이크는 묵묵히 채굴을 시도했지만 석유는 발견되지 않았고 어느덧 주변인들에게 이상한 사람 취급을 받기 시작했다.

이러한 상황이 이어지면서 투자자의 신뢰마저 잃게 되었고 자금이 부족해지자 은행에서 빚을 내야 하는 처지가 되고 말았다.

모두가 포기하고 있던 1859년 8월, 시추한 우물의 파이프 입구 약 1m 부근까지 석유가 차올랐다.

마침내 드레이크는 석유를 찾아냈다. 그는 세계 최초로 기계를 이용한 석유 채굴에 성공했고, 이후 화석연료의 대표 주자가 된 석유산업의 문을 열었다.

일확천금의 오일 러시

드레이크의 석유 채굴 성공은 타이터스빌 주민들에게 충격을 안겼다.

지금껏 이상한 사람 취급을 하던 드레이크를 두고 '언젠가 성공할 줄 알았다!'라고 말하기 시작했다.

타이터스빌 주민들은 일확천금을 노리고 앞다투어 오일 크리크의 채굴권을 얻기 위해 몰려들었고, 그렇게 해서 펜실베이니아의 오일 러시가 시작되었다.

오일 크리크 해안에는 석유를 채굴하는 망대가 세워졌고 드레이크가 석유 채굴에 성공한 지 1년 만에 하루 채굴량은 16만L에 이르렀다. 이것은 등유로 환산하면 8만L분에 해당하는 상당한 양이었다.

석유 채굴에 성공하리라고는 아무도 예상하지 못했던 만큼 다양한 문제도 발생했다.

석유 채굴 방법은 드레이크가 개발했지만, 채굴한 이후의 일까지는 충분히 고려되어 있지 않았다.

이를테면 끌어올린 석유를 어디에 저장할지조차 제대로 정해지지 않은 상태였다. 애초에 석유를 저장하는 전용 용기가 없었기 때문에 각종 나무통이 동원되었다. 나무통 수요가 많아지면서 나무통 제작소를 매수하는 일까지 일어날 정도였다고 한다.

그러다가 배럴이라고 불리는 위스키 통에 석유를 저장하게 되었고, 여기에서 유래해 석유의 단위는 배럴(약 159L)이 되었다.

채굴한 석유를 운반하는 방법도 문제였다.

오일 크리크에서 끌어올린 석유는 정제를 하기 위해 정유공장으로 옮겨야 했다. 하지만 마차에 대량의 석유통을 싣고 나르는 일은 결코 쉬운 일이 아니었다.

그래서 사람들은 배를 이용한 운송을 생각해냈다. 강가라는 지리를 이용한 그 방법은 무척이나 대담한 발상이었다.

강 지류에 둑을 쌓아 물을 막아두었다가 한꺼번에 개방시켜서 인공적으로 홍수를 일으키고, 거세진 물결을 따라 석유를 실은 배를 하류로 밀어보내는 것이었다.

홍수를 인공적으로 일으키는 것은 지금으로서는 상상하기 힘든 방법이지만, 그 당시 오일 러시의 열기가 얼마나 뜨거웠는지 엿볼 수 있는 광경이다.

드레이크가 채굴한 유정은 석유가 저절로 솟아 나오는 곳은 아니었지만, 차츰 석유가 뿜어져 나올 정도로 큰 규모의 유정이 발견되었다.

규모가 큰 유정을 손에 넣은 지주 가운데는 몇 천만 달러에 이르는 거금을 벌어들인 사람도 있었다.

석유 채굴로 일확천금을 손에 쥔 사람이 나타나자 오일 크리크의 개발은 더욱 활기를 띠었다. 1862년에는 오일 크리크 철도가 부설되었고, 석유 채굴 현장에서 철도까지 파이프라인이 깔리면서 석유 운반 인프라가 정비되었다.

석유가 개발되어 주목을 받자 등유는 고가의 역청탄이 아닌 저렴한 석유로 제조하게 되었다.

펜실베이니아주의 오일 러시는 그 후 난개발로 인한 공급 과다 등으로 약 10년 만에 종식을 맞이했다. 미국의 석유 채굴은 펜실베이니아주뿐만 아니라 텍사스주와 캘리포니아주 등 서부 지역으로도 퍼져나갔고, 석유는 자원으로서 그 지위를 굳혀갔다.

석유에 주목한 록펠러

당시 석유의 용도는 주로 등유에 한정되어 있었는데, 한발 앞서 석유라는 자원의 가능성에 주목한 것이 존 D. 록펠러다.

존 D. 록펠러(1839~1937)
미국의 사업가. 1870년에 오하이오주에서 스탠더드오일을 창립했다. 석유 사업으로 부호가 되어 '석유왕'이라고 불렸다.

석유에 장래성이 있다고 생각한 록펠러는 1870년 오하이오주에서 스탠더드오일(Standard Oil Company of Ohio)을 설립했다. 록펠러는 우선 석유산업 가운데 리스크가 적은 수송, 정제, 판매 같은 하류부문을 장악해 나갔다.

록펠러는 철저한 비용 관리와 작업 효율화로 다른 기업들을 압도했고 1872년 무렵에는 미국 총 석유정제능력의 4분의 1을 손에 넣었다.

아울러 각지의 유력 판매회사를 매수해 판매망을 확보하면서 판매 점유율을 미국 내 3분의 1까지 확대했다.

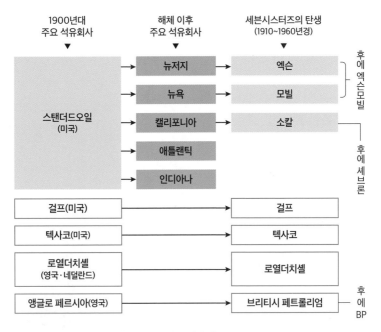

도표2 　스탠더드오일의 해체와 세븐시스터즈 탄생 개요
출처: ENEOS 홈페이지 '석유 편람'을 참고해 저자가 작성

석유의 수송부문 역시 엄청난 기세로 장악해나갔는데, 1876년에는 석유 운송 관련 철도와 간선 파이프라인 내부분을 손에 넣었다. 그렇게 스탠더드오일그룹은 미국 석유 업계를 주름잡는 대기업으로 성장했다.

석유의 탐색, 산출처럼 리스크가 높은 상류부문은 피하고 리스크가 낮은 하류부문을 장악한다는 록펠러의 전략이 성공을 이끈 셈이다.

하지만 이 같은 스탠더드오일그룹의 독점에 대해 반발도 있었다. 1911년 독점을 금지하는 반(反)트러스트법인 셔먼법이 적용되면서 스탠더드오일그룹은 그룹을 구성하고 있던 30개가 넘는 석유회사로 해체되었다(도표2).

스탠더드오일그룹은 해체되었지만, 그 가운데 살아남은 엑슨과 모빌(후에 엑슨모빌), 소칼(후에 셰브론)이 국제석유기업으로서 활약했다.

이러한 스탠더드오일그룹을 전신으로 하는 3사에 로열더치셸, 앵글로페르시아[후에 브리티시 페트롤리엄(BP)], 텍사코, 걸프를 더해 7대 석유 메이저 회사는 세븐시스터즈라고 불리며 국제적인 석유산업에 커다란 영향을 미쳤다.

석유 수요를 비약적으로 늘린 가솔린차의 개발

록펠러가 재빠르게 석유에 주목했듯 석유는 불을 밝히는 등유로서가 아니라 동력의 연료로서 그 수요가 비약적으로 늘어났다.

가솔린으로 움직이는 내연기관을 탑재한 가솔린차가 등장한 것이다.

가솔린차의 보급이라고 하면 1908년에 등장한 헨리 포드의 T형 포드가 떠오르겠지만, 헨리 포드가 가솔린차를 개발한 것은 아니다.

현재 석유의 주요 사용처가 된 가솔린차를 세상에 선보인 것은 칼 벤츠와 고틀리프 다임러 두 사람이다.

다임러는 1834년 독일 남서부 뷔르템베르크 왕국 쇼른도르프(지금의 바덴뷔르템베르크주 렘스무어)에서 태어났다.

어린 시절부터 기계를 좋아했던 다임러는 슈투트가르트의 고등공업학교에 진학해 엔지니어의 길에 접어들었고 '내연기관의 아버지' 니콜라우스 아우구스트 오토에게 가르침을 받았다. 그리고 1875년에 오토의 곁에서 세계 최초로 4사이클 엔진의 운전 실험에 성공했다.

이후 오토를 떠나 독립한 다임러는 1885년 내연기관을 탑재한 목제 2륜차 '라이트바겐'의 시범 주행에 성공했다.

이것은 현대 내연기관의 시초라고도 할 수 있으며 같은 해 다임러는 '가솔린 혹은 석유를 동력으로 한 기계장치를 탑재한 차량'에 대한 특허를 취득했다. 이듬해인 1886년에는 역마차에 엔진을 단 세계 최초의 4륜 자동차 '다임러 모터 캐리지'를 제작했다.

다임러보다 10살 아래인 벤츠는 바덴 대공국 뮐부르크(지금의 바덴뷔르템베르크주 카를스루에)에서 태어났다. 카를스루에의 공업학교에서 내연기관

칼 벤츠
(1844~1929)

고틀리프 다임러
(1834~1900)

기술을 배운 후 독립해 1878년 2사이클 엔진을 완성시켰다.

1885년에는 가솔린 엔진으로 달리는 3륜 자동차 '페이턴트 모터바겐 (Patent Motorwagen)'을 개발하고 시범 운전에 성공했다. 이듬해인 1886년에 특허를 인정받으면서 벤츠는 세계 최초로 가솔린 엔진을 만든 엔지니어가 되었다.

한편 다임러의 4륜 자동차 '다임러 모터 캐리지'도 거의 비슷한 시기에 제작되었다는 점에서 두 사람이 개발한 두 대의 자동차는 현대로 이어지는 모터리제이션(motorization, 자동차의 대중화)의 시조라고 할 수 있다.

그리고 1926년 고틀리프 다임러의 다임러 모토렌 게젤샤프트(Daimler Motoren Gesellschaft)와 칼 벤츠의 벤츠앤드씨에(Benz&Cie.)가 합병해 지금의 다임러 AG로서 그 역사를 이어가고 있다.

두 사람이 개발한 가솔린 엔진은 이후 헨리 포드의 T형 포드에 탑재되어 널리 보급되었고, 연료로서 석유의 수요는 비약적으로 늘어났다.

【참고문헌】

ENEOSホームページ「石油便覧」https://www.eneos.co.jp/binran/document/part01/chapter01/
メルセデスベンツWebサイト「Mercedes Story」https://www.mercedes-benz.jp/brand/magazine/story/01.html
ナショナルジオグラフィックWebサイト「ダイムラーの四輪車、車と燃料の歴史」https://natgeo.nikkeibp.co.jp/nng/article/news/14/6109/
リチャード・ローズ『エネルギー400年史』草思社、2019年

02

석유 쟁탈의 시대

제1차 세계대전의 행방을 좌우한 석유

1903년 포드 모터를 설립한 헨리 포드는 일부 부유층이나 취미를 즐기기 위한 자동차가 아닌 '대중을 위한 자동차'를 만들기로 했다.

당시 자동차 가격은 보통 2000달러가 넘었는데, 1908년에 T형 포드는 850달러라는 파격적인 가격에 발매되었고 이듬해 1년 동안 1만 대가 넘는 경이적인 판매량을 기록했다.

1910년에는 미시간주 하이랜드파크에 공장을 신설해 양산체제를 갖추었다. 1913년에는 지금의 자동차 생산라인의 원형이 되는 컨베이어 시스템으로 차를 조립하는 획기적인 생산방식이 도입되었다.

컨베이어 벨트 생산방식의 도입으로 인해 과거 자동차 한 대를 제조하는 데 13~14시간 걸렸던 것이 무려 한 시간 반으로 단축되었다.

다임러와 벤츠가 개발한 가솔린 내연기관을 탑재한 자동차는 포드를 통해 눈 깜짝할 사이에 전 세계로 퍼져나갔다. 그와 함께 다양한 것들이 증기기관에서 가솔린 내연기관으로 전환되기 시작했다.

그것은 특히 군사 분야에서 두드러졌다. 군함이나 전차, 전투기 등에 가솔린 내연기관이 탑재되면서 석유는 군사 연료로서의 성격을 강하게 띠게 되었다.

그런 가운데 1914년 6월 28일 오스트리아 제국령의 사라예보에서 오스트리아 황태자 부부가 보스니아계 세르비아인 청년에게 총격을 받아 사망하는 사라예보 사건이 발생했다. 이 사건을 계기로 제1차 세계대전이 발발했다.

독일, 오스트리아, 오스만 제국을 중심으로 한 동맹국과 영국, 프랑스, 러시아를 중심으로 한 연합국 두 진영의 싸움이 시작되었다.

전투는 석유를 연료로 하는 전차와 전투기, 군함 등 근대 병기의 싸움이었다. 즉, 석유를 확보하지 못하면 싸움에서 이길 수가 없었다. 20세기 초 세계의 석유는 약 60%를 미국이, 그리고 약 20%를 러시아가 생산하고 있었다.

프랑스 수상
조르주 클레망소
(1841~1929)

미국 대통령
우드로 윌슨
(1856~1924)

전 세계 석유 생산을 미국과 러시아가 차지하고 있는 가운데 1917년 5월 미국이 연합국 진영에 가세했다.

연합국 입장에서 산유국인 미국이 아군이 되어준 것은 커다란 전환점이 되었다.

그리고 1917년 12월 프랑스의 조르주 클레망소 수상은 같은 편이 된 미국 대통령 우드로 윌슨에게 '석유 한 방울은 피 한 방울의 가치가 있다'라고 쓴 전문을 보내며 석유 10만t을 공급해 달라고 긴급 요청했고, 미국은 이에 응했다.

한편 산유국을 같은 편에 두지 못한 동맹국은 연합국의 해상봉쇄 등으로 석유를 확보할 길이 막혔다. 1918년 11월 결국 독일이 항복하면서 동맹국 진영의 패배로 전쟁은 막을 내렸다.

패전국 석유의 확보에 나선 전승국

제1차 세계대전 이후 석유를 확보하는 것이 국가의 존망을 좌우하는 일임을 깨달은 구미 각국은 서둘러 석유 확보에 나섰다.

동맹국 진영이었던 오스만 제국의 메소포타미아 지방(지금의 이라크)에 풍부한 석유 자원이 매장되어 있다는 사실이 알려지자 영국은 이 지역을 자국의 세력하에 두기 위해 발 빠르게 움직였다.

제1차 세계대전이 발발하기 전인 1914년 3월 앵글로 페르시아(후에 브리티시 페트롤리엄)가 50%, 로열더치셸이 25%, 도이체방크가 25%를 출자해 터키석유회사(Turkish Petroleum Co.)를 설립했다. 영국과 프랑스는 비밀리

유프라테스강

시리아

티그리스강

메소포타미아

이란

이라크

사우디아라비아

쿠웨이트

도표3　메소포타미아 지방

에 교섭을 거듭해 제1차 세계대전 이후인 1920년 4월 산레모 협정을 맺고
도이체방크의 지분 25%를 프랑스 정부에 넘기도록 했다.

　전승국인 영국, 프랑스가 패전국의 석유 자원을 확보한 것이다.

　이것은 영국, 프랑스 석유 연합의 형성이자 사실상 미국을 배제한 것이
나 다름없었기 때문에 세계에 커다란 충격을 안겼다.

　메소포타미아 지방의 석유 자원을 노리던 미국은 영국에 반발했고 두
나라 사이에 긴장감이 높아졌다. 하지만 대립을 해봐야 아무런 이득이 되
지 않는다고 판단한 영국이 1928년 7월 미국 기업의 참여를 인정하면서
두 나라 사이의 다툼도 종식되었다.

1920년 4월의 산레모 협정 이후 영국과 미국이 타협에 이르기까지 약 8년이라는 오랜 시간이 걸렸다. 그만큼 제1차 세계대전은 석유 확보에 대한 필요성을 인식하게 된 중요한 계기가 되었다.

석유를 지배한 국제석유자본

메소포타미아 지방의 석유개발에 미국 석유기업이 뛰어들면서 석유회사들은 오스만 제국의 옛 영토 안에서 석유 이권의 공동소유와 공동조업을 의무화하는 것에 협의했다. 특정 나라가 선점하는 것을 허용하지 않겠다는 의미였다.

오스만 제국의 옛 영토란 어디까지를 포괄하는 것일까?

그 범위는 지도에 빨간 선으로 표시되었고 페르시아와 쿠웨이트를 제외한 중동 주요 지대 대부분이 포함되었다. 이때 주고받은 협정은 오스만 제국의 옛 영토 범위를 지도에 빨간 선으로 표시한 것에서 '적선협정'이라고 불리게 되었다(도표4).

적선협정은 단순히 기업 간 맺어진 협정이 아니라 영국, 프랑스, 미국 각

산레모 협정

제1차 세계대전 후인 1920년 4월 영국, 프랑스, 이탈리아, 일본, 그리스, 벨기에 각국이 베르사유조약의 실시, 중동의 석유와 위임통치 문제를 토론하기 위해 이탈리아 산레모에서 열린 회의에서 결정된 협정.

회의에 따라 구 오스만 제국령의 아랍 민족거주지역을 국제연맹의 위임통치령으로써 영국, 프랑스 양국이 분할 관리하는 것이 결정되었다. 패전국인 독일을 대신해 프랑스가 메소포타미아의 석유 이권을 가진 터키석유회사의 주식 25%를 취득함과 동시에 시리아를 경유하는 지중해 파이프라인의 건설을 허가했다.

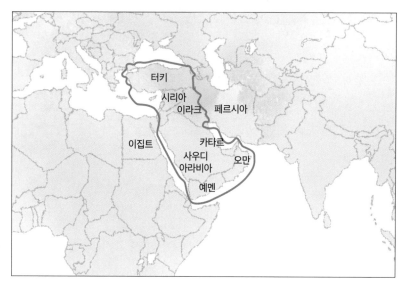

도표4   적선협정의 범위

국 정부의 승인을 바탕으로 체결된 만큼 구속력이 있는 정부 간 협정으로 서의 성격이 강했기 때문에 국제석유자본의 중동 석유 자원에 대한 지배를 한층 강화시켰다.

미국과 유럽 각국이 중동 석유에 대한 관여를 강화하는 가운데 1920년 대 후반에는 미국 오클라호마주 세미놀, 캘리포니아주 케틀맨힐스 등에서 대형 유전이 잇따라 발견되었고 석유의 공급이 증대되었다.

미국 이외에도 베네수엘라, 소련, 페르시아 등지에서 석유 생산이 증대되면서 공급 과잉이 일어났다. 그러자 저가 경쟁이 시작되었고 전 세계 석유 기업은 큰 타격을 입었다.

이를 계기로 1928년 9월 국제석유자본인 지금의 엑슨모빌, 로열더치셸,

브리티시 페트롤리엄은 '아크나캐리 협정' 혹은 '현상유지 협정'이라고 불리는 포괄적인 카르텔 협정을 체결했다.

이 협정은 미국과 소련을 제외한 세계 시장에서 각사의 생산량, 시장 점유율을 1928년 당시 수준으로 유지하는 것을 골자로 한 카르텔이며, 이후 수십 년에 걸쳐 구미의 국제석유자본이 세계 석유 시장을 지배하는 기반이 되었다.

1920년대 후반 미국에서 석유가 발견된 데 이어 1930년에는 중동에서도 본격적으로 석유가 개발되기 시작했다.

1938년 2월 쿠웨이트에서 브루간 유전이 발견되었고 같은 해 3월에는 국제석유자본이 사우디아라비아에서 담만 유전이라는 거대한 유전을 발견했다. 이를 계기로 국제석유자본은 잇따라 중동에 진출했다.

그렇게 1930년대 중반까지 국제석유자본의 석유 지배 체제가 구축되어 갔다.

석유를 가진 나라와 그렇지 못한 나라의 싸움이었던 제2차 세계대전

국제석유자본이 착실하게 석유 지배를 확대해가는 가운데 일본은 1932년 중국 동북부에 '만주국'을 건설하고 중국 내 세력범위를 넓히고자 중일전쟁에 나섰다.

중일전쟁이 장기화되자 일본은 타개책으로써 중국이 영국, 미국으로부터 지원받고 있던 물자 보급로를 차단하기 위해 프랑스령 인도네시아에 진출했다.

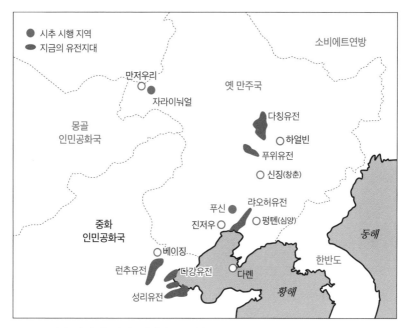

● 시추 시행 지역
● 지금의 유전지대

소비에트연방

만저우리
자라이뉘얼

옛 만주국

다칭유전
하얼빈
푸위유전

신징(창춘)

몽골
인민공화국

푸신
진저우
랴오허유전
펑톈(심양)

동해

중화
인민공화국

베이징
런추유전
다강유전
다롄

성리유전
황해

한반도

도표5 '진주만'의 석유와 일본의 탐사(시추) 지점

출처: 岩間敏「戰爭と石油（1）〜太平洋戰爭編〜」『JOGMEC石油・天然ガスレビュー』2006.1. Vol.40 No.1

이러한 일본의 움직임을 경계하던 미국은 1941년 8월 대일 석유 수출을 전면 금지했다.

당시 일본은 석유를 대부분 미국에 의존해 조달하고 있었기 때문에 위기감을 느낄 수밖에 없었다. 이것이 미국(America의 A), 영국(Britain의 B), 중국(China의 C), 네덜란드(Dutch의 D)가 만든 일본포위망(ABCD 포위망)이었다.

궁지에 몰린 일본은 위기에서 벗어나기 위해 12월 8일 하와이의 진주만을 공격했고, 그렇게 태평양 전쟁에 돌입했다.

일본은 석유 등의 자원을 구하기 위해 남하해 동남아시아와 태평양 섬

'만주국'의 석유

제2차 세계대전 이후 중국에서는 3대 유전으로 불리는 다칭유전(2004년 일일 생산량: 93만 배럴), 랴오허유전(30만 배럴), 성리유전(53만 배럴)이 발견되었다. 이 가운데 다칭 유전과 랴오허유전은 옛 만주국 내에 있는데, 일본은 전쟁 전에 랴오허유전에서 동쪽 으로 산 하나 너머에 있는 지점을 탐사한 적이 있다.

당시 탐사에서는 석유를 발견하지 못했지만, 만약 산 하나 너머의 지점에서 탐사 를 진행했다면 일본은 일일 생산 규모 30만 배럴의 유전을 손에 넣었을 것이다. 전 쟁 개시 전인 1940년 일본 국내 일일 원유 생산량은 0.6만 배럴, 석유 수입량 7.3만 배럴, 석유 소비량 5.8배럴이었다. 만약 일본이 옛 만주국에서 석유를 발견했다면 제 2차 세계대전의 행방은 달라졌을지도 모른다.

에 진출했지만 1942년 미드웨이 해전에서 패배하면서 제해권을 잃었다. 석 유를 조달하기 위한 항로가 막히면서 1945년에는 석유 수입이 거의 '0'이 되고 말았다.

석유 공급의 길이 막혀버린 일본은 전쟁에서 점차 불리한 국면에 놓이 게 되었다.

1945년 3월 10일 미군 폭격기 B29를 이용한 도쿄 공습에 이어, 8월 6일 에는 히로시마에 원자폭탄이 떨어졌다. 3일 후인 8월 9일 나가사키에도 원 자폭탄이 떨어졌고, 결국 8월 15일에 패전을 맞이했다.

제1차 세계대전을 통해 석유가 전략상 가장 중요한 자원이라는 사실이 증명되었음에도 충분한 석유를 마련하지 못한 상태로 전쟁을 일으킨 결과였다.

국제석유자본을 중심으로 석유를 지배해나가던 미국과 유럽 국가들과 확실한 석유 공급원을 갖지 못한 일본의 싸움은 그야말로 석유라는 자원을 가진 나라와 그렇지 못한 나라의 싸움이었다.

인조 석유로 싸울 수밖에 없었던 독일

제2차 세계대전 때 일본과 동맹 관계에 있던 독일은 제1차 세계대전에서 패전하면서 석유의 중요성을 통감했다.

제2차 세계대전에서 독일은 소련령인 바쿠유전과 북 코카서스의 유전을 손에 넣기 위해 1941년 소련을 공격했다.

특히 바쿠유전은 제1차 세계대전 때에도 독일이 표적으로 삼았지만, 결국 손에 넣지 못했다.

독일의 소련 공습 작전은 신성로마제국 황제 프리드리히 1세의 별명, 이탈리아어로 '붉은 수염'을 의미하는 '바르바로사(Barbarossa)'라고 이름 붙여졌다. 1941년 6월 22일 기습공격을 시작으로 공습이 개시되었다.

독일의 기습공격은 교묘했지만, 1942년 11월 무렵부터 소련의 '혹독한 겨울'이라는 복병에 고전을 면치 못하고 결국 1943년 1월 철수했다.

제1차 세계대전에 이어 또다시 석유 탈취에 실패한 것이다.

석유 탈취에 실패한 독일은 어떻게 석유를 손에 넣었을까?

독일은 일찌감치 석유 공급이 끊길 것을 대비했다. 자국의 풍부한 석탄을 액화해 인조석유를 생산하는 기술을 개발해냈다.

석탄 액화 방법은 크게 1913년에 발명된 직접 액화법과 1920년대에 발명된 간접 액화법으로 나뉜다.

직접 액화법은 석탄에 용제를 섞어서 고온·고압으로 수소화분해해 석탄에서 액화 연료를 얻는 것이다. 간접 액화법은 석탄을 가스화해 일산화탄소와 수소를 생성한 뒤 액체 탄화수소를 합성해 휘발유, 경질유의 액체 연료를 얻는 방법으로 피셔-트롭시 합성(FT 합성)이라고도 불린다.

직접 액화법, 간접 액화법은 모두 독일에서 발명되었고 제2차 세계대전 때 독일의 석유 공급 대부분을 인조석유가 점유하고 있었다.

하지만 인조석유는 생산 비용이 많이 드는데다가 공급하는 데 한계가 있었다. 또한 연합국의 공습으로 인조석유 공장이 잇따라 파괴되면서 독일은 궁지에 몰리고 말았다.

일본도 독일을 따라 전쟁 중에 인조석유 생산을 시도했다.

1939년 인조석유를 제조하기 위해 '아마가사키인조석유'를 설립했다. 제철소의 코크스로 가스(coke oven gas)를 이용해 일본 최대 규모인 연간 생산량 4만~10만kl의 인조석유 제조를 계획했다.

아마가사키인조석유는 1943년 시험 운전 단계에 이르렀지만, 원료인 코크스로 가스가 부족했던 탓에 생산량이 겨우 100kl에 그치면서 1944년 8월에 운전이 중단되었다.

같은 해 10월에는 홋카이도인조석유, 아마가사키인조석유, 미이케석유합성 3사가 합병해 일본인조석유가 설립되었고 아마가사키인조석유는 일본인조석유의 아마가사키 공장이 되었다. 하지만 1945년 공습으로 인해 공장은 파괴되었다.

독일, 일본이라는 석유가 나지 않는 나라는 궁여지책으로 인조석유를 이용했지만, 제2차 세계대전이 연합국의 승리로 끝났듯 결국 석유 자원이 풍부한 나라에는 이겨낼 수가 없었다.

중동의 석유를 중심으로 지형도 구축

제2차 세계대전 이후 석유산업은 국제석유자본이 주도했고, 공급원은 중동·아랍 지역에 집중되어 있었다.

석유가 나지 않는 국가는 주로 중동의 석유를 수입해 조달했고, 국제석유자본은 합작법인 설립 등의 방법으로 중동 지역의 대형 유전을 지배하는 체제를 강화해갔다.

중동이 세계 석유 공급원으로 부상한 것과 더불어 제2차 세계대전 이후 석유산업의 커다란 변화로, 한때 세계 최대 석유 수출국이었던 미국이 수입국으로 전환된 점을 꼽을 수 있다.

미국은 1948년에 세계 총 석유 생산량의 59%를 차지했지만, 1955년에 들어서 44%까지 떨어졌고, 석유 순수입국이 되었다.

한편 석유 소비지인 서유럽에서는 석유 수입량 가운데 중동이 차지하는 비율이 1948년에 49.2%였던 것이 1958년에는 80.8%로 급격하게 증가하면서 중동 중심의 석유 공급 구조가 자리 잡았다.

석유 수입국이 된 미국은 중동 석유를 확보하는 데 나섰다.

최대 석유 공급원인 페르시아만이 소련에 지배당하는 것을 우려한 미국은 1947년 트루먼 독트린, 1957년 아이젠하워 독트린을 발표하고, 산유국이 소련이나 소련의 지원을 받는 세력의 공격을 받는 경우 미국군을 파견하기로 약속하면서 중동 지역에 적극적으로 관여하기 시작했다.

여러 나라가 중동에서 영향력을 높여가는 가운데, 중동 산유국도 자국의 이익을 지키기 위해 움직였다.

1959년 2월 국제석유자본이 산유국 정부의 승인 없이 일방적으로 중동 원유가격을 인하하는 일이 벌어졌다. 중동에서 제멋대로 활동하던 국제석유자본의 교만이 빚어낸 행동이라고도 할 수 있었다.

이 사태에 위기감을 느낀 이라크, 이란, 쿠웨이트, 사우디아라비아, 베네수엘라 5개국은 1960년 9월 이라크의 수도 바그다드에서 석유 수출국 회의를 개최했다.

석유 가격을 안정시키고 불필요한 가격 변동이 일어나지 않도록 국제석유자본에 공동으로 대응하기 위해 석유수출국기구(OPEC: Organization of Petroleum Exporting Countries)의 설립을 결의했다.

OPEC에 가입하는 산유국은 점차 늘어났고 1960년대 말 10개국이었던

해리 트루먼 대통령
(1884~1972)

드와이트 아이젠하워 대통령
(1890~1969)

가맹국은 2019년 1월 시점에 14개국이 되었다.

또한 아랍의 주요 석유 수출국인 사우디아라비아, 쿠웨이트, 리비아 3개국은 석유로 인한 이익을 최대한 끌어올려 자국의 중요한 수입원으로 삼기 위해 1968년 1월 9일 아랍석유수출국기구(OAPEC: Organization of Arab Petroleum Exporting Countries)를 창설했다.

OPEC이나 OAPEC의 설립은 자국의 석유가 국제석유자본에 이용당하도록 내버려두지 않겠다는 산유국의 의사 표시나 다름없었다.

이렇듯 중동의 석유를 둘러싸고 국제석유자본이라고 불리는 서구의 석유기업, 각국 정부, 그리고 중동 산유국으로 구축된 지형도가 지금에까지 이어지고 있다.

분쟁에 휘둘리는 중동의 석유

석유 공급의 지형도가 형성되어가는 동시에 석유는 군수뿐만 아니라 자동차 연료 등 생활에 없어서는 안 되는 자원으로서 지위를 굳혀갔다.

OPEC

석유수출국기구. 국제석유자본에 대항해 산유국의 이익을 지키기 위해 1960년 이란, 이라크, 사우디아라비아, 쿠웨이트, 베네수엘라 5개 산유국이 석유의 가격 유지·생산 조절 등을 목적으로 결성한 국제기구.

OAPEC

아랍석유수출국기구. 1968년 쿠웨이트, 사우디아라비아, 리비아 3개국이 결성. 산유국 간에 석유산업을 중심으로 한 경제활동에 협력할 것을 목적으로 설립한 국제기관.

그러나 중동 산유국의 분쟁은 석유 공급에 직접적인 영향을 미쳤고, 그 때마다 석유는 전략 카드로 사용되었다.

그 전형적인 사례가 두 번에 걸친 석유파동이다.

1973년 10월 6일 수에즈운하 동쪽과 골란고원 일대에서 이스라엘군과 이집트, 시리아군이 무력 충돌하면서 제4차 중동전쟁이 발발했다.

전쟁이 시작되자 OAPEC을 필두로 아랍 산유국들은 이스라엘을 지원하는 국가에 원유 수출을 금지했다. 석유가 분쟁의 카드가 된 것이다.

이러한 아랍 산유국의 전략은 석유 가격 급등을 불러일으키며 세계 각국의 정치, 경제에 커다란 영향을 끼친 '제1차 석유파동'을 초래했다.

헨리 키신저 미 국무장관
(1923~)

일본에서는 제2차 세계대전 때 석유 부족으로 인해 패배한 경험이 있어서인지 '석유 공급이 끊기면 생필품을 손에 넣을 수 없게 되지 않을까?'라는 불안감이 커졌다. 화장지와 세제의 사재기 열풍이 일었고 일본 전역의 매장 진열대에서 생필품이 사라지는 사태가 벌어졌다.

제4차 중동전쟁

1973년 10월 6일 이집트군, 시리아군이 수에즈운하 방면과 골란고원 방면에서 동시에 이스라엘을 공격하면서 시작된 전쟁. 이집트가 군사행동을 통해 이스라엘과의 분쟁에 있어서 정치적 해결의 실마리를 찾기 위해 개시했다고 알려졌다.

전후 처리를 위해 1973년 10월 22일 국제연합안전보장이사회 결의 338호가 채택되었고 1973년 12월 21~22일에 제네바에서 중동평화회의가 열렸다. 이후 키신저 미 국무장관의 중재로 이스라엘과 이집트, 이스라엘과 시리아 사이에 각각 병력격리협정이 맺어졌다.

제1차 석유파동으로 전 세계가 엄청난 타격을 입자 1974년 키신저 미 국무장관의 제창으로 경제협력개발기구(OECD) 산하에 자율적인 기관으로서 가맹국 간 에너지 협조를 추진하는 국제에너지기구(IEA: International Energy Agency)를 설립하게 되었다.

이후 1978년부터 1979년에 걸친 이란 혁명을 계기로 두 번째 석유 공급 파동이 일어났다.

이란 혁명으로 인해 석유 가격은 급등했다. 사우디아라비아의 대표원유인 아라비안 라이트의 현물 가격이 1978년 9월 배럴당 12.8달러에서 1980년 11월 배럴당 42.8달러로 3.3배나 오르면서 전 세계는 커다란 사회적 혼란에 빠졌다. 이것이 '제2차 석유파동'이다.

1980년부터 1988년에 걸쳐 발생한 이란·이라크 전쟁에서도 석유 시설 등이 공격대상이 되면서 석유 공급이 불안정해지는 상황이 발생했다.

분쟁으로 인해 석유가격이 좌지우지되는 일은 이후에도 계속되었다.

1990년 8월 2일 이라크군이 쿠웨이트를 침공하면서 세계적 유전지대인 페르시아만 일부가 전장이 되었다. 바로 걸프 전쟁이다.

이란 혁명

1979년 2월 팔레비 왕조의 독재를 타도하고 이슬람교에 입각한 공화국을 수립한 혁명. 망명 중이던 호메이니가 귀국해 지도자가 되었다.

이란·이라크 전쟁

페르시아와 아랍이라는 민족적 대립, 양국 사이를 흐르는 샤트알아랍 수로의 영유권을 둘러싼 대립이 원인이 되어 1980년 9월 22일 이라크가 국경선을 넘어 대규모 공격을 가하면서 시작되었다. 1988년 8월 20일 정전 발효까지 약 8년에 걸쳐 싸웠다.

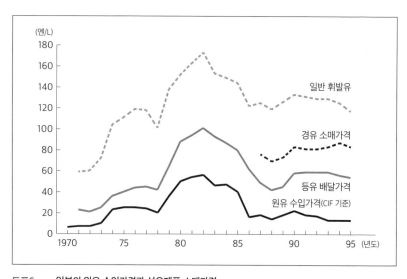

(엔/L)

일반 휘발유

경유 소매가격

등유 배달가격
원유 수입가격(CIF 기준)

도표6   일본의 원유 수입가격과 석유제품 소매가격
출처: 일본 경제산업성 홈페이지 '석유가 멈추면 어떤 일이 일어나는가? - 역사에서 배우는 일본의 에너지 공급 리스크'

이로 인해 원유가격은 급등했고, 7월에 배럴당 17.1달러였던 두바이유의 현물 가격이 9월에는 배럴당 37.0달러로 2.2배나 올랐다.

국제연합은 이라크가 거듭된 철수 권고를 무시하고 쿠웨이트 점령을 이어가자 결의안을 통과시켰고, 미국을 중심으로 유럽과 중동 각국을 포함해 약 30개국으로 결성된 다국적군이 1991년 1월 17일 이라크에 폭격을 가하는 '사막의 폭풍' 작전을 개시했다.

한 달이 넘게 이어진 다국적군의 폭격으로 괴멸적인 타격을 입은 이라크군은 패주했다. 2월 27일 부시 대통령이 승리 선언을 하면서 종전을 맞이했다.

이처럼 중동에서 분쟁이 일어날 때마다 석유 공급에 위기가 발생했다.

이에 전 세계는 커다란 영향을 받아왔다. 이것은 세계가 중동 땅속에 매장되어 있는 석유에 얼마나 의존하고 있었는가를 보여준다.

하지만 이 같은 중동에 대한 의존은 비전통 자원이 등장하면서 큰 변화를 맞이하고 있다.

【 참고문헌 】

GAZOOホームページ　https://gazoo.com/article/car_history/140919_1.html

ENEOSホームページ「石油便覧」　https://www.eneos.co.jp/binran/document/part01/chapter01/

田中紀夫「エネルギー文明史―その2　エネルギーを巡る文明の興亡」『石油・天然ガスレビュー』独立行政法人 石油天然ガス・金属鉱物資源機構、2004年1月号

田中紀夫「エネルギー文明史―その1」『石油・天然ガスレビュー』独立行政法人 石油天然ガス・金属鉱物資源機構、2003年11月号

岩間敏「戦争と石油(1)～太平洋戦争編～」『JOGMEC石油・天然ガスレビュー』2006年1月号、Vol.40 No.1

本村眞澄「ロシアの石油・ガス開発は欧州市場とともに発展してきた」『JOGMEC石油・天然ガスレビュー』2014年11月号 Vol.48 No.6

Web版尼崎地域史事典『apedia』

http://www.archives.city.amagasaki.hyogo.jp/apedia/index.php？key=%E5%B0%BC%E5%B4%8E%E4%BA%BA%E9%80%A0%E7%9F%B3%E6%B2%B9

マイケル・T・クレア『世界資源戦争』廣済堂出版、2002年

松島潤、川崎達治、窪田健司、鈴木秀顕、高橋豊、冨田新二、早坂房次、林農、松田智『エネルギー資源の世界史』一色出版、2019年

03

비전통 화석연료,
셰일가스·오일의 등장

석유파동으로 주목받기 시작한 천연가스

1859년 8월 미국에서 드레이크가 기계 굴착법을 이용해 석유를 채굴하는
데 성공한 이후 제2차 세계대전을 거쳐 1950년 무렵에 석유는 에너지의
주류가 되어 있었다.

드레이크의 방식으로 석유를 채굴할 때 생산정(production well)에서는
석유와 함께 천연가스가 발생한다. 하지만 기체인 천연가스는 액체인 석유
에 비해 저장과 운송이 어렵고 다루기 힘들다는 문제가 있었다. 그런 이유
로 천연가스는 생산정 주변의 한정된 지역에서 조명등에 이용되는 수준에
머물러 있었다.

기체라는 특성상 다루기 어려웠던 천연가스는 생산지와 소비지를 잇는
파이프라인이 건설되면서 1880년 무렵부터 이용량이 증가했다.

1883년에는 천연가스 생산지에서 당시 제철업이 번성했던 펜실베이니아 주 피츠버그까지 천연가스 파이프라인이 건설되었고, 공업용 연료로서 천연가스가 대량으로 소비되기 시작했다.

천연가스가 연료로 사용되기 시작했지만, 주요 에너지원은 여전히 석유였다. 하지만 두 번의 석유파동으로 중동에 편재된 석유는 분쟁의 영향 등 지정학적 리스크가 있다는 점을 전 세계가 인식하게 되면서 세계 어디에나 존재하며 매장량도 풍부한 천연가스가 주목받게 되었다.

2018년 말 세계 석유 매장량의 지역별 분포 상황을 보면 중동 국가들이 약 50%를 차지하고 있다.

한편 같은 해 세계 천연가스 매장량은 중동 국가들이 약 38.4%로 여전

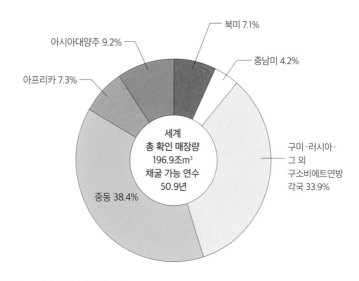

도표7   지역별 천연가스 매장량(2018년 말)

출처: 일본 경제산업성 「2019년도 에너지에 관한 연차보고」(에너지백서 2020)

히 높은 비중을 차지하고 구미·러시아와 그 외 구소련 각국이 약 33.9%로 그 뒤를 잇고 있다. 그만큼 천연가스 매장량은 석유에 비해 지역 편재성이 적다고 할 수 있다(도표7).

이처럼 석유를 대체하는 연료로서 천연가스가 주목받게 되었는데, 천연가스의 존재감을 더욱 높이는 자원이 등장했다. 셰일가스(shale gas)라는 비전통 천연가스다.

비전통 천연가스란 무엇인가

'비전통 천연가스'는 일반적으로 잘 알려진 단어는 아니다. 대체 무엇을 말하는 것일까?

비전통 가스란 기존의 유전이나 가스전 이외에서 생산되는 천연가스를 말하며 타이트 샌드 가스, 탄층 메탄가스, 바이오매스 가스, 셰일가스 등이 이에 해당한다.

지금껏 세계적으로 생산되어온 천연가스는 전통 석유계 가스라고 불린다. 주로 원유를 채굴할 때 함께 생산되는 천연가스로 그 저류층은 사암인 경우가 많다.

반면에 비전통 천연가스는 반드시 유전과 관계가 있는 것은 아니고, 저류층도 사암이 아니라 석탄층이나 셰일층이다. 사암이라도 침투율이 낮아 가스를 추출하기 어려운 층에 매장되어 있는 것이 특징이다.

비전통 천연가스는 이전부터 그 존재가 알려져 있었지만, 기존의 석유 개발 기술로는 채굴이 어려웠기 때문에 비전통 천연가스에 손을 대는 것은 어리석은 일이라고 여겨져 왔다.

하지만 그런 상식을 뒤집고 비전통 천연가스인 셰일가스를 추출하는 기술이 확립되면서 천연가스 시장에 유례없는 충격을 안겼다.

3종 기술로 실현된 셰일가스 생산

셰일가스는 석유나 가스의 근본이 되는 유기물이 많이 포함된 점토암 지층에 매장되어 있는 비전통 천연가스의 일종이다. 점토암 중에서도 특히 단단하고 층상구조로 쪼개지기 쉬운 성질의 셰일층에 매장되어 있기 때문에 셰일가스라고 불린다.

전통 천연가스는 드레이크의 기계 굴착법을 이용해 원형으로 채굴한다. 굴착지점에 철탑 같은 구조물을 세우고 회전하면서 암반을 파고 들어가는 '드릴 비트'(구멍을 파는 끝날)로 공극이 넓고 천연가스가 모여 있는 수천m 지하 저류층을 향해 수직으로 구멍을 뚫으면서 '드릴 파이프'를 삽입해 채굴이 이루어진다.

한편 셰일가스는 전통 천연가스처럼 한곳에 모여 있는 것이 아니라 땅속에 수평으로 퍼져 있는 셰일층에 분포되어 있기 때문에 수직으로 구멍을 뚫는 기존의 방법으로는 채굴이 어렵다.

셰일가스는 북미를 중심으로 그 존재가 알려져 있었는데, 채굴 기술이 확립되어 있지 않았던 탓에 개발은 지지부진했다.

하지만 2000년대에 들어 '수평시추', '수압파쇄(fracking)', '미소진동(micro-seismic)'이라는 3종 기술을 응용한 혁신적인 방법이 개발되면서 셰일가스를 낮은 비용으로 생산할 수 있게 되었다.

'수평시추'란 수평으로 퍼져 있는 셰일층을 수평으로 굴착하는 기술을 말한다.

전통 가스전은 채굴할 때 수직으로 유정을 파고 들어가지만, 셰일층에 분포된 셰일가스와 접촉면적을 늘리기 위해서는 수평으로 굴착해야 한다. '수평시추' 기술이 개발되면서 기존 수직시추법에 비해 유정 하나당 천연가스 생산량이 3~5배 늘어났다.

'수압파쇄'는 '수평시추'로 파낸 유정에 물 등을 압축시킨 액체를 흘려보내 압력을 가함으로써 셰일층에 인공적인 균열을 만들어 셰일에 갇혀 있던 가스가 쉽게 흐르도록 하는 기술이다.

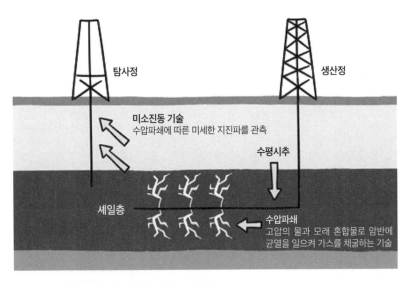

도표8 　'셰일 혁명'을 가능하게 한 세 가지 기술혁신

출처: 일본 경제산업성 「2014년도 에너지에 관한 연차보고」(에너지백서 2015)

'미소진동'은 '수압파쇄'로 인공적인 균열을 만들어낼 때 발생하는 지진파를 관측·해석해 균열의 진도를 탐지함으로써 가스 회수율을 향상시키는 기술이다(도표8).

이 같은 3종 기술을 응용하는 혁신적인 아이디어로 지금껏 불가능하다고 여겨졌던 셰일가스의 채굴이 가능해졌다.

셰일가스의 자원량

그렇다면, 셰일가스는 그 자원량이 어느 정도일까?

2013년 6월 미국 에너지정보청(EIA)이 공표한 보고서 「기술적으로 회수 가능한 셰일오일과 셰일가스 자원(Technically Recoverable Shale Oil and Shale Gas Resources)」에 따르면 기술적으로 회수가 가능한 세계 셰일가스 자원량은 총 7299조 큐빅피트(Tcf: Trillion cubic feet)로 추정된다. 이것은 전 세계 천연가스 총량의 32%에 해당한다.

셰일가스의 기술적 회수 가능량(Tcf) 상위 10개국은 ①중국 1115, ②아르헨티나 802, ③알제리 707, ④미국 665, ⑤캐나다 573, ⑥멕시코 545, ⑦호주 437, ⑧남아프리카공화국 390, ⑨러시아 285, ⑩브라질 245 순이다.

참고로 2008년 일본의 천연가스 소비량이 약 3.3조 큐빅피트였다는 점을 생각하면, 자원량 1위인 중국에는 일본의 한 해 소비량을 따졌을 때 약 338년분의 천연가스가 존재하는 셈이다. 그만큼 그 방대한 자원량을 짐작할 수 있다.

미국발 셰일가스 혁명

방대한 양의 셰일가스 개발이 본격화되면 세계 천연가스 시장 구조는 커다란 영향을 받았다.

이 같은 가능성이 있는 셰일가스 개발에 발 빠르게 나서서 성과를 올리고 있는 것이 미국이다.

2004년 당시 미국의 셰일가스 생산은 거의 '0'이었다. 하지만 2007년 셰일가스가 미국 내 천연가스 생산의 약 8%를 차지하게 되었고 2011년에는 약 30%까지 늘어났다.

이후에도 셰일가스 생산량은 계속해서 증가했고 현재 미국 내 천연가스 생산의 주력이 되었다.

미국의 본격적인 셰일가스 생산은 미국뿐만 아니라 세계 천연가스 시장에 영향을 미쳤다.

세계 3위 천연가스 매장량을 자랑하는 카타르는 2010년에 액화천연가스(LNG) 발전소를 증설하고 세계 최대 규모인 연간 7700만t의 천연가스 생산체제를 확립했다.

천연가스 생산량을 큰 폭으로 늘려서 미국을 비롯한 수요국에 공급해 천연가스 공급국으로서 존재감을 높이려는 심산이었다.

하지만 카타르가 주요 수출처로 삼았던 미국은 앞서 말했듯 자국 내 셰일가스 생산체제를 굳히고 해외로부터 LNG 수입을 대폭 축소해버렸다.

그 결과 수출처를 잃은 카타르산 LNG가 낮은 가격으로 유럽 시장에 흘러들었고 연쇄작용으로 유럽에 천연가스를 공급해오던 러시아에까지 영향을 미쳤다.

본래 LNG 가격은 석유 가격에 준거해 움직였지만, 그와는 상관없이 미국의 셰일가스 개발이 세계 천연가스 시장에 영향을 미치는 '셰일가스 혁명'이 일어난 것이다.

누가 셰일가스 혁명을 주도했는가?

혁명이라고 불릴 정도로 충격을 가져온 셰일가스지만, 셰일가스 개발은 국제석유자본 같은 대기업이 주도한 것이 아니었다.

셰일가스를 세상에 선보일 수 있도록 기반을 다진 것은 독립 석유채굴회사인 미첼 에너지(Mitchell Energy)의 경영자였던 조지 P. 미첼이다.

셰일가스에 손을 대는 것은 어리석은 일이라고 여겨지던 당시, 미첼은 천연가스가 풍부하게 매장된 것으로 추정되는 펜실베이니아주에서 텍사스주까지 펼쳐진 바넷 셰일에 주목했다.

기존의 방법으로는 셰일층에서 천연가스를 채굴하기가 어려웠지만, 미첼은 '수압파쇄' 방법을 응용해 셰일층에서 천연가스를 채굴하는 아이디어를 떠올렸다.

1998년 미첼은 '수압파쇄'를 응용한 방법으로 바넷 셰일에서 셰일가스를 채굴하는 데 성공했고, '셰일가스 개발의 아버지'라고 불리게 되었다.

2002년에는 미첼 에너지를 매수한 데본 에너지(Devon Energy)가 수평시추와 수압파쇄를 조합한 방법을 시도하면서 미국의 셰일가스 개발을

조지 P. 미첼
(1919~2013)

더욱 진척시켰다.

이러한 셰일가스의 개발은 미첼 에너지를 매수한 데본 에너지를 시작으로 체서피크(Chesapeake), XTO 에너지(XTO Energy) 등 벤처 정신이 넘치는 중견 석유회사가 뛰어들면서 셰일가스 혁명의 문을 열었다.

셰일가스 개발의 기반을 다지는 데 공헌한 미첼은 엄청난 부를 쌓았고 2013년 7월 26일 94세의 나이로 영면했다.

셰일가스 혁명은 그야말로 오일 러시에 비견하는 현대판 아메리칸 드림이라고도 할 수 있다.

이러한 셰일가스 혁명의 흐름 앞에 국제석유자본도 움직였다.

2009년 12월 14일 엑슨모빌이 비전통 가스 자원개발의 큰손 XTO 에너지를 매수한다고 발표했다. 발표된 매수가격은 XTO 에너지의 시가총액에 25% 프리미엄을 붙인 410억 달러였다. 이것은 엑슨이 천연가스의 장래성, 특히 비전통 자원의 가능성을 높이 평가했기 때문으로 여겨진다.

자원에너지의 쟁탈이라고 하면 자원국과 자원 부족국 간의 다툼이나 무력을 사용하는 전쟁을 떠올리기 쉽지만, 엑슨모빌의 XTO 에너지 매수에서 볼 수 있듯 기업 간의 비즈니스 경쟁이야말로 자원에너지 쟁탈의 커다란 무대가 되는 셈이다.

셰일가스 수출의 열쇠가 된 파나마 운하의 확장

셰일가스 개발의 열기를 타고 미국은 천연가스 수출을 늘려나갔고, 2017년에는 천연가스 순수출국이 되었다.

그렇다면, 누가 천연가스를 수입하고 있을까? 2018년 세계 액화천연가스(LNG)의 총수입량 4310억m³ 가운데 수입량이 많은 상위 5위를 살펴보면(도표9) 1위 일본(26.2%), 2위 중국(17%), 3위 유럽(16.6%), 4위 한국(14%), 5위 기타 아시아(10.6%) 순이다. 아시아권 수입량만 약 70%를 차지한다.

그중에서도 단연코 수입량이 많은 일본은 천연가스 수출 비즈니스에 있어서 중요한 고객이다.

천연가스 비즈니스에서 성공하기 위해서는 아시아 고객을 어떻게 사로잡는가가 관건인데, 미국이 아시아에 셰일가스를 수출하는 데 발목을 잡고 있던 것이 파나마 운하의 병목 현상이었다.

미국의 셰일가스 수출거점 대부분은 동해안이나 남부 멕시코 해안(텍사

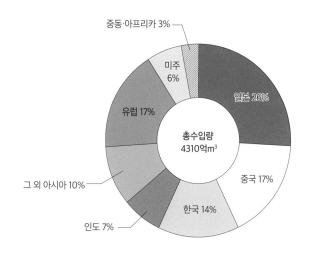

도표9   세계의 LNG 수입(2018년)

출처: 일본 경제산업성 「2019년도 에너지에 관한 연차보고」(에너지백서 2020)

스주, 루이지애나주 등)에 있다. 특히 멕시코 해안에는 천연가스가 풍부하게 매장된 셰일층이 있다.

멕시코 해안에서 아시아로 수출하기 위한 최단 항로는 중미의 파나마 운하를 통과하는 코스다. 하지만 1914년에 개통한 파나마 운하의 폭은 약 33m다. 천연가스를 액화해 운송하는 일반적인 LNG 선박의 폭은 33m를 크게 넘기 때문에 크기상 통과가 불가능하다는 문제가 있었다.

파나마 운하를 통과할 수 있는 선박은 폭 32.3m, 길이 294.1m, 흘수 12m 이하의 선박이며 이 크기는 '파나맥스'라고 불렸다.

도표10   멕시코 해안에서 일본까지의 주요 항로

출처: 일본 국토교통성 '일본의 에너지 조달 대전' 에너지 운송 루트 다양화 대응에 관한 검토회 제1회 자료5 (2014년 4월 25일)에 일부 가필

참고로 2019년 9월 26일 일본 해운회사 상선미쓰이에 인도된 최신 LNG 선박 '마블 헤론(Marvel Heron)'의 폭은 48.94m로 파나맥스를 훌쩍 뛰어넘는다.

그런 탓에 아시아로 가려면 수에즈 운하 경유로 약 42일, 마젤란 해협 경유로 약 50일이나 걸리는 루트를 지나야 한다. 그렇게 되면 운송 비용이 너무 많이 들기 때문에 채산성이 좋지 않다.

하지만 이러한 상황은 2016년 6월에 급격하게 변했다. 2007년 9월부터 공사를 시작해 9년이라는 시간을 들여서 약 100년 만에 파나마 운하가

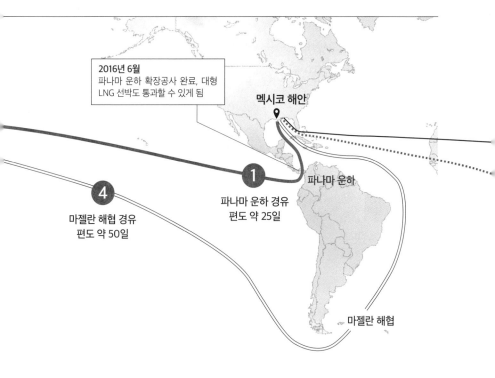

2016년 6월
파나마 운하 확장공사 완료, 대형 LNG 선박도 통과할 수 있게 됨

멕시코 해안

1
파나마 운하 경유
편도 약 25일

파나마 운하

4
마젤란 해협 경유
편도 약 50일

마젤란 해협

새롭게 개통된 것이다.

새롭게 개통한 운하의 폭은 약 50m로, 길이 최대 366m, 폭 49m, 흘수 15.2m의 선박이 지나갈 수 있으며 이 크기를 '네오 파나맥스'라고 부른다. 이 크기라면 마블 헤론도 통과할 수 있다.

파나마 운하가 확장되면서 멕시코 해안에서 LNG를 적재한 선박이 약 25일 만에 일본에 도착할 수 있게 되었다.

그리고 2017년 1월 멕시코 해안의 LNG 거점에서 미국의 셰일가스 7만t을 실은 LNG 선박 '오크 스피릿'이 니가타현 조에쓰시의 주부전력 조에쓰 화력 발전소에 도착했다. 이것은 일본이 미국의 셰일가스를 조달한 첫 번째 사례다.

대항해시대에 향신료를 얻고자 바스코 다 가마가 인도항로를, 마젤란이 마젤란 해협을 개척했듯 파나마 운하 확장이라는 새로운 항로의 개척은 미국산 천연가스를 아시아에 수출하는 길을 열었다.

파나마 운하를 만든 일본인

미국이 아시아에 셰일가스를 수출하는 데 있어서 중요한 열쇠이자 일본이 미국산 셰일가스를 조달하는 데 없어서는 안 될 파나마 운하. 그런 파나마 운하의 건설에 일본인이 관여했다는 사실을 아는 사람은 많지 않을 것이다.

일본인으로서 유일하게 파나마 운하 건설에 참여한 인물은 아오야마 아키라다.

1878년 후쿠오카현에서 선종 승려의 셋째 아들로 태어난 아오야마는 도쿄제국대학 토목공학과에 진학했다.

1903년 26세였던 그는 대학 졸업 당시 미국이 파나마 운하 건설을 위한 기술자를 모집하고 있다는 소식을 들었다.

아오야마는 은사인 대학교수의 도움으로 파나마운하위원회 이사를 겸임하던 컬럼비아대학 바아 교수에게 소개장을 보냈고 1903년 8월 홀로 미국으로 떠났다. 수개월의 체류를 거쳐 이듬해 6월 파나마에 도착했다.

처음에는 측량용 폴대를 잡는 말단 측량원으로서 차그레스강 주변을 측량했고, 이후 대서양 연안의 크리스토발 항구건설사업에 참가해 가툰 갑문의 측벽 설계에도 참여했다.

그러는 사이 아오야마는 뛰어난 측량기술과 근면함을 인정받아 단기간에 측량기사보, 측량기사, 설계기사로 승진했고 최종적으로 가툰 건설 지역의 부기사장 자리에 올랐다.

그는 1904년부터 1911년까지 약 7년 동안 파나마 운하 건설에 참여했지만, 미국과 일본의 관계가 악화되면서 운하가 완성되는 것을 보지 못하고 일본에 돌아왔다.

귀국 후에는 일본 내무성 내무기사로서 수많은 하천공사(아라카와 방수로 개착, 기누강 개수, 시나노강 오코즈 분수 개수 등)에 참여했다. 파나마 운하 건설에서 배운 최신 토목 기술을 이용해 당시 일본에서는 흔하지 않았던 콘크리트 공법을 접목하는 등 기술 발전에 공헌했다.

시나노강 오코즈 분수 기념비에 새겨진 '만상에 천의를 깨닫는 자는 괴롭다. 인류를 위해 국가를 위해'라는 아오야마의 말에서 사심이 없는 그의 성품을 엿볼 수 있다.

파나마 운하 개척에 참여한 아오야마의 이 같은 공적은 오늘날 미국이 셰일가스를 아시아에 수출하는 데 작은 보탬이 되었다고도 말할 수 있을 것이다.

파나마 운하를 파괴하려 했던 일본

아오야마 아키라라는 일본인이 파나마 운하를 만드는 데 힘썼던 한편, 제2차 세계대전 중에 일본은 파나마 운하를 파괴하려고 했다.

옛 일본군은 파나마 운하 폭파를 계획했다.

제2차 세계대전 말기 동맹국 독일의 패색이 짙어지면서 미국·영국·네덜란드 연합군의 대서양 함대가 태평양으로 회항해올 것이 예상되자 이를 조금이라도 늦추기 위해 파나마 운하를 폭파해 봉쇄하려는 계획을 세웠다.

일본 해군은 함상 공격기 '세이란' 3기를 탑재할 수 있는 거대 잠수함 'I-400'을 비롯한 잠수함대를 건조하기 시작했다.

하지만 두 척이 완성되었을 무렵 오키나와 결전을 맞았고 전투 이후에는 I-400, I-401, I-402 세 척이 남았다.

이로 인해 파나마까지 공격하려는 계획은 변경할 수밖에 없었다. 잠수함대의 공격 목표는 남태평양 울리시 환초로 변경되었지만, 도중에 종전을 맞이했다.

I-400은 탄도미사일 탑재 원자력 잠수함이 등장하기 전까지 세계 최대 규모의 잠수함이었다. 당시 미국군은 I-400의 거대함과 엄청난 항속거리

에 놀라워했다고 전해진다.

I-400은 미국군에 인계되었고, 1945년 하와이주 오아후 섬 남부의 바버즈 곶에서 침몰되었다.

미국군이 놀라워할 정도로 I-400의 크기와 성능은 위협적이었다.

I-400을 침몰시킨 이유는 잠수함 기술이 소련에 넘어가지 않도록 하기 위해서라고도 알려져 있다.

실현되지 못한 파나마 운하 폭파 계획에는 파나마 운하 건설에 관여한 아오야마도 등장한다.

파나마 운하 폭파 계획을 세우던 옛 일본군은 일본인으로서 유일하게 운하 건설에 참여한 아오야마에게 운하의 사진과 설계도 등 정보를 요구했다.

하지만 아오야마는 "나는 운하를 만드는 방법은 알지만 부수는 방법은 모른다"라고 말했다.

2013년 8월 하와이대학 연구소가 오아후 섬 남서부의 약 700m 해저에서 I-400을 발견했다.

만약 종전이 늦추어져서 아오야마가 옛 일본군에 파나마 운하의 정보를 제공했다면, 그리고 파나마 운하 폭파 계획이 실행되어 I-400이 파나마 운하에 도착했다면, 셰일가스를 일본에 운반하는 파나마 운하의 모습이 지금과는 달라져 있을지도 모른다.

셰일가스 대국, 중국과 미국

셰일가스 혁명으로 엄청난 양의 미국산 셰일가스가 전 세계에 공급되었고 그와 동시에 세계 각국은 셰일가스를 개발하기 시작했다.

그중에서도 주목받는 곳이 중국이다.

중국은 세계 2위의 천연가스 수입국인 동시에 세계 최대 셰일가스 매장 국이기도 하다. 그런 중국이 어떤 움직임을 보이는가에 따라 세계 천연가 스 시장은 큰 영향을 받을 수밖에 없다. 셰일가스 개발을 선도하던 미국은 일찍이 중국의 셰일가스 개발에 깊은 관심을 보여왔다.

2009년 11월 미중 정상회담에서 셰일가스 이니셔티브를 결성하고 셰일 가스 자원의 평가, 탐광 개발 기술과 관련 정책에 대해 미국과 중국이 협 력하는 데 합의했다.

2010년 5월 미중 전략·경제대화에서는 중국 국가에너지국과 미국 국무 부가 중국의 셰일가스 개발에 미국이 협력한다는 내용의 '미중 셰일가스 자원 태스크포스 활동계획'을 체결했다.

그리고 2011년 5월 개최된 미중 전략·경제대화에서 앞서 체결된 활동계 획에 관해 실무적으로 진행해가는 것을 양국이 확인했다.

중국으로서는 자국에 풍부하게 매장되어 있는 셰일가스를 개발하기 위 해 선구자 격인 미국의 노하우를 흡수하고 싶었을 것이다.

한편 미국은 개발을 선도하고 있다는 강점을 앞세워 중국의 셰일가스 개발에 적극적으로 협력함으로써 중국의 막대한 셰일가스 자원에 적극적 으로 관여하려는 심산이었을 것이다.

중국 국가에너지국(NEA)은 '셰일가스 발전계획(2016~2020년)'을 발표하고 2030년에 800억~1000억m³(약 5797만~7246만t)의 셰일가스를 생산한다는 목표를 세웠다.

2017년 중국의 전통·비전통 가스 생산량이 1486억m³(약 1억 768만t)라는 점에서 셰일가스 개발 목표가 얼마나 높은 것인지 가늠할 수 있다.

중국은 목표를 달성하기 위해 셰일가스 생산을 확대했다. 그 결과 2013년 2억m³였던 생산량이 2017년에는 94억m³로 급격하게 늘어났다.

미중 무역마찰과 중국 천연가스 수입의 행방

최근 이러한 중국의 셰일가스 증산에 박차를 가하는 사건이 일어났다.

바로 미중 무역마찰이다. 2018년 미국이 중국 철강 제품에 관세를 인상한 것을 계기로 발생한 미중 무역마찰은 다양한 방면으로 확산되었다.

2018년 9월에 미국이 중국산 가구와 가전 등 2000억 달러 상당의 5700개 품목에 관세 10%를 부과하자 중국은 미국산 액화천연가스(LNG) 등 600억 달러 상당의 5200개 품목에 관세 5% 혹은 10%를 부과하며 대항했다. 미중 무역마찰은 그야말로 미국과 중국의 치킨게임이 되어갔다.

중국은 천연가스 수입량의 2%를 미국에서 조달하고 있는데, 미중 무역마찰로 인해 이 행방이 불투명해졌다.

그뿐만이 아니다. 2018년 중국의 천연가스 조달처는 수입률 28%로 1위인 투르크메니스탄에 이어 호주가 26%로 2위다. 그런데 잘 알려진 대로 호주는 미국의 동맹국이다.

만약 미중 무역마찰이 확대되어 미국이 동맹국에 협력을 요청하게 되면 중국이 호주산 천연가스를 수입하는 데도 영향이 미칠 수 있다는 리스크가 발생한다.

중국으로서는 리스크가 있는 이상 대처를 고려할 필요가 있었다.

중국 국가에너지국은 2019년 8월 31일에 발표한 보고서에서 셰일가스 등 비전통 천연가스가 풍부한 쓰촨성의 개발에 박차를 가해 쓰촨성을 중국 내 최대 가스 생산거점으로 삼아야 한다고 지적했다. 앞으로 쓰촨성은 중국 천연가스 생산의 3분의 1을 점하게 될 것으로 내다봤다.

셰일가스라는 자원을 둘러싸고 협력하기도 하고 경쟁하기도 하는 미국과 중국의 공방은 그 자원의 가치가 사라지지 않는 한 앞으로도 계속될 것이다.

셰일오일로 원유 생산 1위가 된 미국

미국에서 셰일가스 생산이 성행하면서 같은 방법으로 셰일층에 존재하는 원유도 채취할 수 있다는 사실이 알려졌다. 그렇게 셰일가스에 이어 셰일층의 원유, 셰일오일이 생산되기 시작했다.

2017년 미국의 원유 생산량은 러시아, 사우디아라비아에 이어 3위였지만, 셰일오일이 생산되면서 2018년 미국의 원유 생산량은 2017년 대비 17% 증가한 하루 평균 1095만 배럴이 되었다.

이에 따라 미국은 러시아의 1075만 배럴, 사우디아라비아의 1042만 배럴을 앞지르며 세계 1위 원유 생산국이 되었다.

미국이 45년 만에 세계 1위 자리를 탈환한 것이다.

2019년 9월 미 에너지정보국(EIA)은 미국의 9월 원유 수출량이 수입량을 하루 평균 8만 9000배럴 웃돌아 순수출국이 되었다고 발표했다.

월간 기준으로 수출이 수입을 넘어선 것은 통계를 내기 시작한 1973년 이래 첫 쾌거였다.

원유 생산 세계 1위가 된 2018년에 EIA는 2020년까지 원유 수출이 수입을 상회하는 '순수출국'이 될 것으로 전망했는데, 9월 월간 기준 순수출국으로의 전환은 2020년 연간 기준 순수출국 전환 전망에 힘을 실었다.

이 같은 미국산 셰일오일의 대두는 이후 역사상 첫 원유 마이너스 가격이라는 사태를 일으키는 등 지금껏 원유 가격 지배권을 쥐고 있던 석유수출국기구(OPEC)와 주요 산유국인 러시아에 위협이 되어갔다.

☑ COLUMN ● ●

일본의 비전통 천연가스 '메탄하이드레이트'

일본에는 셰일가스 같은 비전통 천연가스가 없을까? 안타깝게도 일본에서는 셰일가스 개발이 어렵다. 셰일가스는 대륙의 고생대 셰일층이라는 오래된 지층에 존재한다. 일본처럼 지질학상 생성된 지 오래지 않은데다가 대륙도 아닌 지리 조건에서는 상업적으로 생산할 수 있을 정도의 양을 기대할 수 없다. 다른 비전통 천연가스에 대해서도 일본 대륙에서는 기대하기 어려운 상황이다.

하지만 포기하기에는 아직 이르다. 일본을 둘러싸고 있는 바다에 눈을 돌리면 비전통 천연가스의 가능성이 보이기 시작한다. 그것은 해저에 잠들어 있는 '메탄하이드레이트'라고 불리는 비전통 천연가스의 존재다.

메탄하이드레이트는 천연가스의 주성분인 '메탄'과 물을 포함한 화합물이라는 의미의 '하이드레이트'에서 유래한 이름으로, 물 분자에 천연가스인 메탄 분자가 혼합되어 얼어붙은 물질이다.

메탄하이드레이트는 저온·고압 환경에서 안정된 상태로 존재하며, 육상에서는 시베리아, 캐나다, 알래스카 등 영구동토층 아래, 해양에서는 수심 500m 이상 심해저에 존재한다.

영구동토층이나 심해저 같은 환경에서 벗어나 온도가 높아지거나 압력이 낮아지면 메탄하이드레이트는 타기 쉬운 메탄가스와 물로 분리된다. 불을 붙이면 타오르기 때문에 '불타는 얼음'이라고도 불린다. 일본 바닷속에는 이처럼 천연가스의 주성분인 메탄을 채취할 수 있는 메탄하이드레이트라는 비전통 천연가스 자원이 있다.

메탄하이드레이트의 자원량에 대해서는 다양한 설이 있는데, 2009년 메탄하이드레이트 자원 연구 컨소시엄(MH21)의 보고에 따르면 메탄하이드레이트 형태로 지층 내에 실존하고 있는 메탄의 총량(원시매장량)은 아이치현 동부 트로프 해역에만 LNG 환산으로 약 8억 4000만t으로 추정된다.

이것은 지층 내에 존재하고 있는 자원의 단순 총량이며 기술적으로 채굴 가능한 가채매장량은 아니지만, 일본의 LNG 수입량이 약 8000만t(2011년)이라는 점을 생각하면 이 자원의 가능성을 실감할 수 있다.

현재 일본의 메탄하이드레이트는 경제산업성의 '해양에너지·광물자원 개발계획'을 바탕으로 상업화를 위한 연구개발이 진행되고 있는 만큼 앞으로의 동향에 기대가 크다.

【 참고문헌 】

経済産業省『令和元年度エネルギーに関する年次報告（エネルギー白書2020）』2020年

経済産業省『平成26年度エネルギーに関する年次報告（エネルギー白書2015）』2015年

平沼光『日本は世界一の環境エネルギー大国』講談社＋α新書、2012年

野神隆之「シェールガス革命は世界天然ガス市場に何をもたらしたのか、その一考察」『JOGMEC石油・天然ガスレビュー』2013年9月号Vol.47 No.5

「米エクソン、天然ガス大手XTOを410億ドルで買収へ」ロイター通信、2009年12月15日

「米国、20年にエネルギー「純輸出国」に　67年ぶり」『日本経済新聞』2019年1月25日

「三井物産向け 新造LNG船「MARVEL HERON」が竣工─米国・キャメロンプロジェクトからのシェールガス由来LNG輸送に従事」商船三井プレスリリース、2019年9月27日

国土交通省「我が国のエネルギー調達の取組」エネルギー輸送ルートの多様化への対応に関する検討会第1回資料5、2014年4月25日

在パナマ日本国大使館Webサイト「パナマ運河の歴史」　https://www.panama.emb-japan.go.jp/jp/panama-canal//?=history

ナショナルジオグラフィックWebサイト「伊400発見：さらに未発見の潜水艦も」2013年12月5日 https://natgeo.nikkeibp.co.jp/nng/article/news/14/8611/

経済産業省『平成30年度石油産業体制等調査研究 (中国・インドの天然ガス等に係る国内システムやエネルギー政策・方針等が 世界の需給バランスと価格にもたらす影響に関する調査)』株式会社エイジアム研究所、2019年2月28日

竹原美佳「中国における最近の天然ガスの状況と市場化の動き」JOGMEC Webサイト石油・天然ガス資源情報、2019年10月3日　https://oilgas-info.jogmec.go.jp/info_reports/1007679/1007887.html

「中国、シェールガス開発を加速　貿易戦争で国内確保めざす」ロイター通信、2019年9月2日

「米原油生産、45年ぶり世界首位　シェール増産効果」『日本経済新聞』2019年3月27日

「米国、70年ぶり石油純輸出国に　9月統計」『日本経済新聞』2019年11月30日

松島潤、川崎達治、窪田健司、鈴木秀顕、高橋豊、冨田新二、早坂房次、林農、松田智『エネルギー資源の世界史』一色出版、2019年

増田昌敬「メタンハイドレート開発研究の展望」メタンハイドレートフォーラム　2013講演資料、2014年1月24日

04

화석연료 자원이 없는
국가의 대응

재생에너지라는 새로운 에너지에 주목한 일본

전 세계적으로 석유, 천연가스 같은 화석연료를 둘러싼 공방이 펼쳐지는
가운데, 화석연료 자원이 없는 일본은 재생에너지라는 새로운 에너지에
주목했다.

일본은 1970년대에 일어난 두 번의 석유파동을 계기로 재생에너지의 중
요성을 인식하게 되었다.

석유파동으로 인해 석유 공급이 불안정해지자 석유 가격은 급등했다.
물가가 상승하면서 가계 소비에 영향을 미쳤고 일본 경제는 커다란 타격
을 입었다.

그로 인해 석유를 대체하는 에너지로서 해외에 의존하지 않는 국산 자
원인 태양광과 풍력, 지열 등 재생에너지의 중요성을 인식하게 된 것이다.

1974년 일본 통상산업성 공업기술원(현 산업기술종합연구소)은 장래 에너지 수요의 상당 부분을 조달하는 것을 목표로 태양, 지열, 석탄의 가스화·액화, 수소에너지라는 네 가지 석유대체에너지 기술에 대해 중점적으로 연구개발을 진행하는 '선샤인 계획'을 개시했다.

1980년에는 과도한 석유 의존에서 벗어나기 위해 석유대체에너지의 개발·촉진에 관해 규정한 '석유대체에너지의 개발과 도입 촉진에 관한 법률'(석유대체에너지법)이 제정되었다.

석유대체에너지란 원유·휘발유·중유 등 부령으로 정해진 석유제품을 포함해 석유를 대신해 연소에 이용되는 것이나 석유 이외의 것을 열원으로 해서 얻어지는 열·동력·전기 등을 말하며, 재생에너지도 여기에 포함된다.

같은 해에는 신에너지 종합개발기구[현 신에너지·산업기술 종합개발기구(NEDO)]가 설립되어 태양광 발전을 비롯한 기술개발이 중점 프로젝트로서 추진되는 등 태양광 발전을 중심으로 법·제도의 정비와 기술개발이 촉진되었다.

1997년에는 '석유대체에너지법'으로 규정된 에너지 가운데 경제성 제약으로 보급이 확대되지 않는다고 여겨지는 ①태양광 발전, ②풍력 발전, ③태양열 이용, ④온도차 에너지, ⑤폐기물 발전, ⑥폐기물 열 이용, ⑦폐기물 연료 제조, ⑧바이오매스 발전, ⑨바이오매스 열 이용, ⑩바이오매스 연료 제조, ⑪눈·얼음 열 이용, ⑫청정에너지 자동차, ⑬천연가스 열병합 발전, ⑭연료전지의 보급 촉진을 위한 '신에너지 이용 등의 촉진에 관한 특별조치법'(신에너지법)이 제정되었다.

신에너지법에서는 국가나 지방자치단체, 사업자, 국민 등 각 주체의 역할을 명확히 하는 기본방침이 제정되었다. 또한 신에너지를 이용하는 사업자에 대한 금융상 지원 조치 등이 정해졌다.

이후 2003년 4월에는 전력 소매사업자(일반 전기사업자 등)에 대해 재생에너지로 발전된 전기를 일정량 이상 이용하는 것을 의무로 하는 '전기사업자에 의한 신에너지 등의 이용에 관한 특별조치법'(RPS법)이 시행되었다.

이처럼 1970년대에 일어난 두 번의 석유파동은 재생에너지의 중요성을 인식시키는 동시에 재생에너지 보급을 위한 법·제도의 정비와 기술개발을 촉진했다.

일본이 주목한 또 하나의 에너지, 원자력

재생에너지와 더불어 석유대체에너지로서 주목받은 에너지가 하나 더 있다. 바로 원자력 발전이다.

원자력 발전의 연료인 우라늄은 한 번 수입하면 사용했던 핵연료를 재활용할 수 있기 때문에 연료를 오래 사용한다는 점에서 국내산 에너지에 준하는 준국산 에너지로서 입지를 다져왔다.

일본에서는 1970년에 원자력 발전소 운전이 개시되었다. 후쿠이현 쓰루가 발전소의 비등수형 원자로(BWR)인 '쓰루가 발전소 1호기'와 후쿠이현 미하마 발전소의 가압수형 원자로(PWR)인 '미하마 발전소 1호기'가 그 시작이다.

당시 일본은 고도 경제성장의 정점에 있었다. 원자력 발전이 시작된

1970년에는 오사카에서 만국박람회가 개최되는 등 미래에 대한 기대가 높아져 있던 시기였다.

그런 가운데 '원자력, 밝은 미래의 에너지'라는 표어가 생겨날 정도로 일본 내에서는 새로운 에너지로서 원자력 발전을 활용하려는 움직임이 확산되었다.

1974년에는 원자력 발전소 입지 지역에 진흥 효과를 불러일으키고 원자력 발전소의 이익이 지역사회에 충분히 환원될 수 있도록 하는 '전원개발촉진세법', '전원개발촉진대책특별회계법', '발전용시설주변지역정비법'의 전원(電源) 3법 교부금제도가 제정되었다.

1971년에는 핵연료를 재활용하는 '고속증식로'의 연구를 위해 실험용 원자로 '조요'를 건설했고, 1977년 임계에 성공했다.

조요에서 얻은 데이터를 바탕으로 연료를 재활용하는 핵연료 사이클을 실용화하기 위해 1985년 '몬주'를 건설했다.

1977년부터는 일본 첫 재처리 공장인 도카이 재처리 시설이 시험 운전을 시작했고, 이후 롯카쇼 우라늄 농축공장, 롯카쇼 재처리 시설이 잇따라 건설되었다.

원자력 발전은 각국에서 이용되고 있었는데, 그와 동시에 원자력 발전소 사고도 발생했다.

1979년에는 미국 스리마일 섬에서 사고의 심각성을 나타내는 지표인 국제원자력사상평가척도(INES) 레벨5 '광범위한 영향을 동반한 사고'에 해당하는 원전 사고가 일어났다. 1986년에는 소련(현 우크라이나) 체르노빌에서 레벨7 '심각한 사고'에 해당하는 원전 사고가 일어났다.

일본에서도 1995년에 연구용으로 운영되던 후쿠이현 고속증식로 '몬주'에서 나트륨 누출사고가 발생했다.

'몬주'는 공기와 반응해 연소하는 성질이 있는 액체 금속 나트륨을 냉각재로 사용하고 있었는데, 이 나트륨이 누출되면서 공기와 만나 화재 사고가 발생한 것이다. 사고 이후 '몬주'는 2010년까지 운전이 중단되었고 2016년 폐로가 결정되었다.

1999년에는 이바라키현 도카이무라의 JCO 우라늄 가공공장에서 임계사고가 발생해 사망자를 비롯해 다수의 피폭자가 나오는 비참한 사고가 일어났다.

2003년에 책정된 에너지기본계획에는 '(원자력 발전) 사업자는 안전이라는 품질의 보증체제 확립에 힘쓰고 국가는 안전규제를 강화해 국민의 신뢰 회복에 노력할 필요가 있다'라고 나와 있다.

하지만 그 후에도 원자력 발전의 안전성은 충분히 확보되지 않았고, 2011년 3월 11일 후쿠시마 제1 원자력 발전소 사고가 발생하며 국가적 위기를 초래하고 말았다.

재생에너지를 주력 전원으로 삼으려는 스페인

석유나 천연가스 같은 화석연료의 대체에너지로서 재생에너지에 주목한 것은 일본만이 아니었다.

2009년 12월 31일 스페인 송전회사 레드 일렉트리카(REE: Red Eléctrica de España)는 스페인의 전력공급이 비록 순간값이긴 했지만, 수력을 제외한 재생에너지의 발전 전력량 비율이 63%에 달했다고 발표했다. 여기에 수력을 합하면 재생에너지의 발전 전력량 비율은 71%에 이르렀다.

스페인의 면적은 51만km², 인구 4650만 명, 2017년 총 발전설비용량은 약 1억 400만kW, 총 발전 전력량은 약 26만 2645GW다.

일본과 비교했을 때 그 규모에 차이는 있지만, 사실 스페인은 일본과 마찬가지로 화석연료가 없는 나라다. 석유, 천연가스 같은 자원에너지를 타국에 의존해야 하는 에너지 안전보장상 리스크를 안고 있다.

지금껏 유럽이 재생에너지를 도입할 수 있었던 이유로, 유럽은 육지가 이어져 있는데다가 각국 송전망을 연결하는 송전망의 국제연계를 통해 악천후로 재생에너지의 발전량이 줄어들거나 넘치는 경우 각국 간 조절이 가능하다는 점을 꼽았다. 그만큼 섬나라인 일본에 재생에너지를 도입하는 것은 어렵다고 여겨져 왔다.

하지만 사실 스페인은 일본과 마찬가지로 섬나라에 가까운 지리적 조건을 갖고 있다.

스페인은 프랑스 등과 전력 국제연계를 맺고 있지만, 프랑스와의 국경은 피레네산맥으로 가로막혀 있어 연계선을 잇기가 어렵다. 때문에 다른 유럽 국가들과 비교해서 연계선 용량이 적고, 전력을 사들이기보다는 주로 파는 용도로 사용된다.

그런 이유로 스페인의 전력관계자들은 '스페인은 전력의 외딴섬'이라고 부르기도 한다.

스페인 역시 두 번의 석유파동을 겪은 후 재생에너지에 주목하기 시작했다.

석유파동에 직면한 스페인은 석유, 천연가스 같은 자원을 해외 수입에 의존하는 것이 얼마나 큰 문제인지를 통감했고, 1970년대부터 국산 에너지인 재생에너지를 최대한 활용하는 쪽으로 방향을 틀었다.

중국이 주목한 스페인의 재생에너지 도입 기술

스페인이 재생에너지를 활용하려는 노력에는 크게 두 가지 특징이 있다. 하나는 소유권 분리 방식에 따른 발전과 송전의 분리다.

송전망을 소유하는 특정 발전회사가 송전망을 독점해 재생에너지 발전을 배제하는 일이 일어나지 않도록 발전회사와 송전회사를 자본 관계가 남지 않는 소유권 분리 방식으로 분리시키고, 송전회사는 REE 1사에 집약하는 정책을 선택했다.

송전망을 집중적으로 관리함으로써 효율성 향상과 공공재로서 송전망의 공평한 이용환경을 확보하고 재생에너지 발전이 송전망에 접속하기 쉬운 체제를 마련했다.

두 번째 특징은 기후에 따라 변동이 생기는 재생에너지를 제어하기 위한 독자적인 시스템을 개발한 것이다. 2006년 6월 마드리드 북부 근방에 재생에너지 컨트롤센터(CECRE)가 설립되었다.

CECRE는 스페인 전역의 풍력, 태양열, 수력 등 재생에너지와 열병합 발전을 감시·제어하는 조직이다. 2007년 6월부터 설비용량 1만kW가 넘는 풍력 발전소는 반드시 CECRE와 상호 연결해 관리하도록 했다.

CECRE에는 스페인 전역에 걸쳐 수십 곳에 설치된 풍력 발전 컨트롤

센터(WGCC)가 연결되어 있고, WGCC는 스페인 전역의 풍력 발전소나 대규모 태양광 발전소의 발전 전력량, 운용 파라미터 정보 등을 수집해 CECRE에 전달한다.

CECRE는 WGCC에서 받은 정보를 분석해 각 발전소의 전력 수급 최적화를 위한 제어 지령을 WGCC에 전달하고, WGCC는 각 발전소가 15분 이내에 전달받은 지령을 실행하도록 제어한다.

CECRE의 분석은 기상 관측 시스템을 활용해 이루어진다. 기상 관측 데이터를 바탕으로 풍력, 태양열 등의 재생에너지가 어느 시점에 어느 정도 발전 가능한지를 계산해 발전량이 많으면 화력·원자력 등 재생에너지 이외의 발전을 줄이고, 발전량이 적으면 화력·원자력 등의 발전량을 늘린다. 이 같은 제어를 통해 기상 조건에 좌우되는 재생에너지 발전의 약점을 극복했다.

스페인이 2006년이라는 비교적 이른 시점부터 이러한 시스템을 개발해 재생에너지 도입에 힘쓰고 있다는 사실은 의외로 잘 알려지지 않았다.

하지만 스페인의 우수한 시스템에 주목해 그 기술을 도입하기 위해 재빠르게 움직인 나라가 있다. 바로 중국이다.

2011년 1월 당시 중국의 리커창 부총리는 스페인의 REE를 방문해 CECRE를 시찰했다. 두 달 후인 2011년 3월에는 중국 전역의 송전·변전·배전을 맡고 있는 세계 굴지의 전력회사 중국국가전망공사가 REE와 재생에너지 보급을 위한 기술협력에 합의하는 문서를 주고받았다.

스페인의 선진 시스템에 관심을 보인 것은 중국만이 아니었다.

중국이 스페인과 합의 문서를 교환한 같은 달인 2011년 3월 11일 후쿠시마 제1 원자력 발전소 사고가 발생했다.

사고 발생 이후 재생에너지의 보급 촉진을 검토하던 각국이 스페인의 시스템에 주목하면서 REE의 일반 업무가 일시적으로 마비될 정도로 다양한 국가와 조직이 REE의 에너지 컨트롤 시스템을 시찰하기 위해 몰려들었다.

후쿠시마 제1 원자력 발전소 사고를 계기로 재생에너지 보급을 위한 움직임이 생겨났고, 세계 각국에서는 스페인과 같은 재생에너지 도입 시스템의 개발과 보급이 추진되기 시작했다.

【 참고문헌 】

Hikaru Hiranuma "Japan's Policy on Renewable Energy and Its future Path" "ANNUAL REPORT ON JAPANESE ECONOMY AND SINO-JAPANESE ECONOMIC & TRADE RELATIONS -Japan Energy Situation and Energy Strategy Transition Study Report-" 中国社会科学院、p283-293、2015年5月
経済産業省ホームページ「日本における原子力の平和利用のこれまでとこれから」2018年2月22日
https://www.enecho.meti.go.jp/about/special/tokushu/nuclear/nihonnonuclear.html
RED ELÉCTRICA DE ESPAÑA "RENEWABLE ENERGYIN THE SPANISHELECTRICITY SYSTEM2017" (2018・2・27)

제 4 장

기후변화 시대의
자원에너지

01

재생에너지의 여명기

풍력 발전 역사에 이름을 남긴 3인

일본이나 스페인처럼 화석연료가 없는 나라들은 화석연료의 대체에너지로서 재생에너지를 도입하기 위해 노력해왔다. 그렇다면, 태양광 발전이나 풍력 발전 개발은 언제부터 시작되었을까?

오늘날 주요한 재생에너지가 된 풍력 발전의 역사는 19세기 후반으로 거슬러 올라간다.

1887년 7월 영국 글래스고 앤더슨칼리지의 제임스 블라이스 교수가 메리커크에 있는 자신의 별장에서 풍차를 이용해 발전한 전기로 조명을 밝혔다. 이것이 최초의 풍력 발전이라고 알려져 있다.

블라이스 교수가 만든 풍력 발전기는 오늘날 사용되는 일반적인 발전기 형태와는 달리 풍속계를 본뜬 수직축 형태였다. 풍차의 날개는 천으로 되어 있었고 충전용 축전지도 설치되어 있었다.

블라이스 교수가 풍력 발전을 개발한 비슷한 시기에 미국에서도 풍력 발전이 개발되었다.

미국에서 처음으로 풍력 발전을 개발한 사람은 발명가 찰스 F. 브러시다.

브러시는 1887년부터 1888년에 걸쳐 오하이오주 자택 뒤뜰에 지름 17m, 발전용량 12kW의 거대한 풍차를 설치하고 자택과 연구실의 축전지, 백열전구 350개에 전력을 공급했다. 이러한 전력공급은 1908년까지 약 20년 동안 지속되었다.

풍력 발전 개발의 역사에서 기억해야 할 인물이 한 명 더 있다. 덴마크의 과학자 폴 라 쿠르다. 폴 라 쿠르는 풍차 날개의 개수, 면적과 출력의 관계 등을 연구했고, 라이트형제가 최초의 비행에 성공하기 수년 전에 항공기 설계에 빼놓을 수 없는 양력 현상에 관해 연구했다.

또한 풍차 설계용 풍압 측정기나 불안정한 바람에도 안정된 출력을 얻는 데 도움을 주는 기계식 회전 조속기를 발명하는 등, 풍력 발전 개발에 필요한 다양한 기술을 개발했다.

폴 라 쿠르는 1897년부터 풍력으로 발전한 전력을 축전지에 저장했을

제임스 블라이스
(1839~1906)

찰스 F. 브러시
(1849~1929)

폴 라 쿠르
(1846~1908)

뿐만 아니라 풍력 발전으로 생산한 전기로 물을 분해해 수소를 제조함으로써 전기를 수소라는 연료로 저장하는 연구도 진행했다.

재생에너지가 급속도로 보급된 지금, 재생에너지로 얻은 전력을 이용해 물을 전기분해해 수소연료를 생산하는 기술은 P2G(Power to Gas)라고 불리며 전력의 새로운 저장법으로서 주목받고 있다. 폴 라 쿠르는 그야말로 현대에도 통용되는 P2G 연구의 선구자라고 할 수 있다.

폴 라 쿠르는 제임스 블라이스나 찰스 F. 브러시보다 한발 늦게 풍력 발전 개발에 성공한 것으로 알려졌지만, 풍력 발전 개발에 공헌한 다양한 기술 덕분에 '풍력 발전의 아버지'라고 불리게 되었다.

미국 인공위성에 처음으로 탑재된 태양전지

풍력 발전 개발이 시작된 지 약 60년이 지난 1950년대에 이르러서 오늘날 재생에너지의 대표 주자가 된 태양광 발전(태양전지)을 미국 뉴저지주의 벨 전화연구소가 개발했다.

1954년 벨전화연구소가 최초로 개발한 태양전지는 단결정 실리콘 태양전지로 에너지 변환 효율은 6%였다.

현재 일반주택 지붕에 설치된 태양전지의 변환 효율이 18% 정도인 점을 생각하면 기술적으로 아직 미숙한 상태였지만, 지금의 태양전지 사회보급의 초석이 된 쾌거라고 할 수 있다.

벨전화연구소가 태양전지를 개발한 지 8년이 지났을 무렵 태양전지는 생각지 못한 형태로 그 유용성을 증명하게 된다.

미국 국방총성과 해군이 계획해온 통신위성 '뱅가드 1호'에 태양전지가 탑재된 것이다.

'뱅가드 1호'는 '익스플로러 1호'에 이어 미국이 역사상 두 번째로 발사한 과학위성이다.

당시 국방총성과 해군은 '뱅가드 1호'에 탑재할 전지를 두고 경합을 벌이고 있었다. 국방총성은 태양전지를, 해군은 수은전지를 탑재하자고 주장했다.

'뱅가드 1호'의 크기는 지름 16.5cm, 무게 1.59kg이었다. 이 작은 위성에 수은전지와 태양전지를 모두 탑재하는 것으로 결착이 났고, 1958년 3월 17일 '뱅가드 1호'가 발사되었다.

발사에 성공한 뒤 3개월 후에 수은전지는 수명이 다했지만, 태양전지는 약 6년 동안 '뱅가드 1호'에 전기를 공급했다.

이로써 태양전지는 수은전지와 비교도 안 될 정도로 장기간에 걸쳐 전력을 공급할 수 있다는 사실이 증명되었을 뿐만 아니라, 우주개발에 빼놓을 수 없는 에너지원으로서 그 역사의 장을 열었다.

유용성이 확인되긴 했지만, 원료인 단결정 실리콘은 가격이 비쌌고, 그 당시에는 아직 수요가 충분하지 않았기 때문에 태양전지는 비용 부담이 컸다.

이러한 상황에 변화를 가져온 것이 1970년대에 일어난 두 번의 석유파동이다. 석유파동으로 인한 석유 공급의 핍박은 태양전지의 수요를 끌어올렸다.

그리고 1980년대 초반에 미국의 솔라렉스라는 회사가 단결정 실리콘보다 저렴한 다결정 실리콘을 개발했다.

이것은 실리콘을 녹여서 틀에 부은 뒤 단단해진 실리콘 블록에서 웨이퍼를 잘라낸 것이다. 단결정 실리콘의 불필요한 부분을 이용하므로 비용을 낮출 수 있었다.

석유파동과 저렴한 다결정 실리콘의 개발로 인해 태양전지 보급이 확대되면서 태양광 발전 비용은 더욱 낮아졌다.

태양광 발전을 견인했던 일본

석유파동 이후 세상은 태양광 발전에 주목했고, 그런 태양광 발전을 견인한 것은 일본이다.

자원과 에너지가 부족한 일본이 태양광 발전이라는 새로운 에너지 분야에서 주역으로 떠오른 것이다.

일본의 태양전지 제조사는 세계를 석권했다. 2005년 태양전지 셀의 생산량 가운데 일본이 무려 47%를 점유하며 1위가 되었다.

일본의 뒤를 이어 2위 유럽 27%, 3위 중국·대만 12%, 4위 미국 9% 순이었고, 절반에 가까운 비중을 차지한 일본의 존재감은 압도적이었다.

2006년까지는 발전용량 기준으로 일본의 샤프가 연간 생산량 세계 1위를 차지했고, 상위 5개사 가운데 4개사가 교세라, 파나소닉, 미쓰비시전기 등 일본 기업이었다.

일본의 태양전지 개발의 역사는 깊다. 1954년 벨전화연구소가 세계 첫 단결정 실리콘 태양전지를 발명한 이듬해에 이미 태양전지 시제품을 제작했다.

같은 해에 샤프가 태양전지의 연구·개발을 개시했고 1960년대 초반에는 단결정 실리콘 태양전지를 양산하기 시작했다.

국가 정책으로서도 1974년 선샤인 계획에 이어 2004년에 태양전지의 발전 비용 목표를 산정하는 태양광 발전 로드맵 'PV2030'이 책정되었고, 2009년에는 그 개정판인 'PV2030+'가 책정되었다.

로드맵 책정에 따라 태양전지의 발전 비용을 2010년에 23엔/kWh(가정용 전력 요금 수준), 2020년에 14엔/kWh(업무용 전력 요금 수준), 그리고 2030년에는 7엔/kWh(범용 전원 수준)로 낮추는 것을 목표로 세웠다.

이 같은 국가 정책과 기업의 노력으로 일본은 태양전지 분야에서 세계 정상에 설 수 있었다.

동력을 잃은 일본의 재생에너지 산업

하지만 일본은 선두 자리를 오래 지켜내지 못했다.

2007년 태양전지 셀의 생산량 기준 점유율은 1위 중국·대만 32%, 2위 유럽 28%, 3위 일본 25%를 기록했다.

일본을 제치고 1위로 올라선 중국의 기세는 멈출 줄 몰랐고, 2012년에는 점유율 62%를 기록할 정도로 성장했다.

셀의 출하량도 일본은 2007년까지 줄곧 정상의 자리를 차지해왔지만, 이후 현저한 후퇴 양상을 보이며 2015년에는 10위권에도 들지 못할 정도로 하락하고 말았다.

일본 기업이 세계 점유율에서 밀린 이유 가운데 하나로 태양전지의 원재료인 실리콘 원료 조달에 실패한 점을 꼽는다.

당시 세계적으로 실리콘을 원재료로 사용하는 태양전지와 반도체의 수요가 확대되자 실리콘 원료의 수급 핍박이 이어졌고 가격이 상승했다.

수급이 원활하지 않은 가운데 실리콘을 계획대로 조달하지 못한 일본 기업은 생산 규모를 확대하지 못했고, 결과적으로 샤프의 2007년 생산량은 전년 실적을 한참 밑도는 데 그쳤다.

반면 실리콘을 안정적으로 조달하기 위해 장기 구매 계약을 맺었던 기업들은 생산 규모를 확대할 수 있었고, 독일의 큐셀(Q-cells) 등이 세계 점유율을 늘려갔다.

게다가 2008년 무렵부터 중국·대만계 태양전지 제조사들은 당시 수요가 증가하고 있던 유럽 시장을 겨냥해 양산 시설을 늘리는 등 시장 획득을 위해 적극적으로 움직이고 있었다. 일본계나 유럽계 태양전지 제조사는 이들의 재빠른 움직임에 뒤처졌기 때문에 시장 점유율을 빼앗기고 만 것이다.

제조 비용에서도 차이가 발생했다.

중국 기업은 단결정 실리콘보다 비용이 저렴한 다결정 실리콘으로 태양전지를 제조했고, 값싼 인건비 덕분에 대규모 생산이라는 방식으로 생산 비용을 낮추어왔다.

한편 일본 기업은 높은 에너지 변환율이나 실리콘 비율을 낮추는 등의 고부가가치화기술 개발에 힘써왔기 때문에 중국 기업보다 비용 부담이 커져 있었다.

일본이 개발한 고부가가치 태양전지는 일반주택 지붕 등 소규모 태양광 발전에는 적합했다. 하지만 시장 규모가 커지고 있던 대규모 태양광 발전소 등에는 에너지 변환율이 다소 낮더라도 비용이 저렴한 태양전지 쪽이 메리트가 있다. 이러한 점도 일본 기업이 시장을 획득할 수 없었던 이유로 꼽힌다.

그 결과 2012년 태양전지의 생산량 기준 점유율은 중국·대만 기업이 62%를 차지했고 일본 기업은 6%까지 떨어지고 말았다.

태양광 발전뿐만 아니라 풍력 발전에서도 일본의 존재감은 낮아졌다. 2010년 당시부터 풍력 발전기의 세계 시장 점유율은 유럽, 미국, 중국의 기업이 차지하고 있었고 일본은 10위권에도 들지 못하는 상황이었다.

일본에서는 산업으로서의 태양광 발전이나 풍력 발전이 후퇴했을 뿐만 아니라 애초에 에너지 수급에서도 재생에너지를 제대로 활용하지 않았다.

미래 에너지 수요의 상당 부분을 책임질 에너지로써 태양광 발전 기술개발에 힘쓴다는 '선샤인 계획'은 1974년에 시작되었다.

'선샤인 계획'이 시작된 1974년 당시 일본의 발전 전력량 구성은 태양광 발전, 풍력 발전 등 재생에너지(대규모 수력 제외) 비중이 0%였다.

약 30년 후, 일본 태양전지 셀의 세계 시장 점유율이 1위가 된 2005년에도 그 비율은 0.9%로 1%에도 미치지 못했다.

일본의 태양광 발전 비중이 격감한 2012년에도 겨우 2.9%에 머무르면서 재생에너지가 에너지 수요의 상당 부분을 책임지기에는 역부족인 상황이 이어졌다.

그러는 한편 비중을 대폭 늘린 것이 원자력과 석탄, 천연가스다.

1974년 일본의 발전 전력량 구성 비중에서 원자력은 5.4%, 석탄 4.1%, 천연가스는 4.2%를 차지하고 있었다. 그러던 것이 후쿠시마 제1 원자력 발전소 사고가 일어나기 한 해 전인 2010년에는 원자력 25.1%, 석탄 27.8%, 천연가스 29%로 늘어났다. 반면 석유는 1974년 65.3%였던 것이 2010년에는 8.6%로 대폭 감소했다.

　　결국, 두 번의 석유파동을 겪은 뒤 일본은 원자력 발전의 보급을 확대하는 동시에 해외에서 조달하는 석탄, 천연가스에 의존하는 길을 선택한 셈이다. 석유 역시 비축정책을 세우는 등 방책을 마련하긴 했지만, 해외 의존이라는 근본적인 부분에는 변함이 없었다.

【 참고문헌 】

リチャード・ローズ『エネルギー400年史』草思社、2019年
牛山泉「風力発電発祥の地：ポール・ラクール博物館を訪ねて」『風力エネルギー』、一般社団法人 日本風力エネルギー学会、2011年35巻3号p.68-73
『NEDO再生可能エネルギー技術白書』独立行政法人新エネルギー・産業技術総合開発機構、2014年
経済産業省『令和元年度エネルギーに関する年次報告（エネルギー白書2020）』2020年

02

에너지 전환으로 주목받은
재생에너지

심각해지는 기후변화 문제

석유파동에 휘둘린 1970년대는 지구온난화가 심각한 문제로서 주목받은
시기기도 하다. 1979년 2월에는 스위스 제네바에서 기후변화에 관한 대규
모 국제회의인 제1회 세계기후회의(FWCC)가 개최되었다.

이후 1985년에 오스트리아 필라흐에서 지구온난화에 관한 첫 세계회의
(필라흐 회의)가 개최되었고 이산화탄소(CO_2) 배출에 따른 지구온난화 문제
가 비중 있게 다루어졌다.

1988년에는 유엔환경계획(UNEP)과 세계기상기구(WMO)가 지구온난화
와 관련한 문제를 과학적으로 평가하고 검토하는 장으로서 '기후변화에
관한 정부간 협의체(IPCC: Intergovernmental Panel on Climate Change)'를 설
립했다.

그리고 1992년 유엔이 대기 중 온실가스 농도 안정화를 위한 '기후변화에 관한 국제연합 기본협약(United Nations Framework Convention on Climate Change)'(이하 기후변화협약)을 채택했고 기후변화 문제에 전 세계가 노력해 나가는 것에 합의했다.

기후변화협약에 따라 1995년부터 해마다 유엔기후변화협약 당사국총회(COP)가 개최되고 있다.

1997년 일본 교토에서 개최된 기후변화협약 제3회 당사국총회(COP3)에서 역사상 처음으로 선진국들에 대한 법적 구속력이 있는 온실가스 감축 목표(2008~2012년 5년 동안 1990년 수준보다 미국 -7%, EU -8%, 일본 -6% 등)를 명확하게 규정한 '교토의정서(Kyoto Protocol)'를 채택했다.

이후 2001년 미국은 재생에너지 보급 등의 온난화 대책이 미국의 경제 성장에 악영향을 끼친다는 점, 개발도상국의 감축 목표가 정해지지 않은 만큼 형평성에 어긋난다는 점 등을 이유로 교토의정서에서 탈퇴했다.

미국에 이어 호주도 탈퇴를 선언하는 등 우여곡절을 겪었지만, 2005년에 러시아가 비준하면서 55개국 이상이 비준해야 한다는 발효 요건을 충족시켰다. 이렇게 해서 2020년까지의 온난화 대책 목표를 정한 교토의정서가 발효되었다.

교토의정서는 채택된 지 8년이 지나서야 비로소 발효되었고 이로써 전 세계가 온실가스 배출 감축에 첫발을 내딛게 되었다.

체르노빌 원전 사고 이후 다시 주목받기 시작한 원자력

2005년 교토의정서가 발효되면서 다시 주목받게 된 것이 원자력 발전이다. 국제원자력사상평가척도(INES) 레벨7의 '심각한 사고'였던 1986년 체르노빌 원자력 발전소 사고가 일어난 이후 세계적으로 원자력 발전소 신설이 정체되었고 탈원전 정책을 지향하는 분위기가 형성되었다.

이러한 상황에서 국제적인 기후변화 문제에 대한 대처라는 대의를 배경으로 원자력을 활용해나가는 움직임이 일어났다. 이것은 '원자력 르네상스'라고도 불린다.

체르노빌 원전 사고의 영향으로 원자력에 대해 소극적이던 국제에너지기구(IEA)도 2006년 11월에 발행한 보고서 「세계에너지전망(World Energy Outlook) 2006」에서 세계적인 원자력 추진을 제언하는 등 '원자력 르네상스'의 파도가 일기 시작했다.

또한 2008년 6월 6일 IEA는 「에너지기술전망(ETP: Energy Technology Perspectives) 2008」을 통해 2050년까지 CO_2 배출량을 반으로 줄이려면 태양광, 풍력, 바이오매스 같은 재생에너지, 탄소 포집·저장(CCS) 기술, 전기자동차나 플러그인 하이브리드차(PHV), 연료전지차(FCV) 같은 운송부문의 저탄소화 등 다양한 분야의 기술혁신을 반영한다고 해도 전 세계에 연간 32기의 원자력 발전소를 신설할 필요가 있다는 견해를 내놓았다.

연간 32기의 원자력 발전소 신설이라는 결과에 놀라움을 금할 수 없지만, 이것은 기후변화 문제를 대처하는 데 있어서 원자력 발전의 역할을 중요하게 여기고 있다는 방증이라고 할 수 있다.

'원자력 르네상스'라는 세계적인 흐름 속에서 일본은 2010년 6월 18일에너지 정책의 중요한 방침인 '제3차 에너지기본계획'을 발표했다.

일본은 전력 구성 가운데 원자력이나 재생에너지처럼 CO_2를 배출하지 않는 탄소중립 전원을 당시 34%에서 2020년 약 50%, 2030년에는 약 70%까지 높인다는 목표를 세웠고, 원자력 발전소는 2020년까지 9기, 2030년까지는 적어도 14기를 신설한다는 목표를 세웠다. 이렇게 일본도 원자력 르네상스의 흐름에 합류했다.

후쿠시마 원전 사고로 종언을 맞이한 원자력 르네상스

세계적으로 원자력 르네상스라는 흐름이 확산되는 가운데 일본도 원자력을 중심으로 한 에너지 정책을 구축했지만, 그것을 완전히 뒤엎는 사태가 발생했다.

2011년 3월 11일 동일본 대지진의 영향으로 도쿄전력 후쿠시마 제1 원자력 발전소 사고(후쿠시마 원전 사고)가 발생한 것이다. 원자로 건물이 폭발하면서 하얀 연기를 뿜어내는 영상은 아직도 기억에 생생하게 남아 있다.

후쿠시마 원전 사고는 체르노빌 원전 사고 이래 가장 심각한 국제원자력사상평가척도(INES) 레벨7의 규모였다.

지진으로 인한 사고는 원자력 발전 사상 처음 있는 일이었으며 멜트다운, 즉 원자로의 노심이 녹아내리면서 대량의 방사성 물질이 외부로 방출되는 심각한 상황이 발생했다.

그때까지 일본은 원자력 발전에 대해 '지진 대책, 쓰나미 대책에 만전을 기하고 있으므로 심각한 사고는 일어나지 않는다'라고 강조해왔지만, 후쿠

시마 원전 사고로 전체 전원을 상실하는 절대 일어나서는 안 될 일이 일어
나고 말았다.

'원자력 르네상스' 분위기가 한창이던 시기에 발생한 후쿠시마 원전 사
고는 그 흐름을 완전히 뒤엎어버릴 정도로 전 세계에 충격을 안겼다.

사고 직후인 3월 14일 호주의 길라드 총리는 원전이 불필요하다는 견해
를 밝혔고, 3월 15일에는 당시 세계 최대급 원자로 건설을 추진하던 핀란
드의 하로넨 대통령이 원자력은 일시적인 에너지원일 뿐이며 재생에너지
활용을 목표로 해야 한다는 인식을 밝혔다.

독일에서는 4월 4일에 메르켈 총리가 미래 에너지 공급의 방향에 대해
검토하는 '안전한 에너지 공급을 위한 윤리위원회'를 출범시켰다.

국민토론을 거쳐 2022년까지 독일의 원자력 발전을 전면적으로 폐지하
는 것에 합의했다.

스위스 정부도 2034년까지 원전을 폐지하기로 결정했고, 이탈리아에서
는 원전 재개에 찬반을 묻는 국민투표를 실시했다. 투표율 54.79%를 기록
한 가운데 원전 재개에 반대하는 표는 94.05%에 달했다.

원전 사고가 일어난 일본에서는 2011년 5월 6일 당시 간 나오토 총리가
하마오카 원자력 발전소의 가동중단을 요청했고 주부전력이 이를 받아들
였다.

그리고 5월 10일 기자회견에서 간 총리는 에너지기본계획의 백지화를
표명했다.

그리하여 체르노빌 원전 사고 이후 세계에 확산되고 있던 '원자력 르네
상스'는 후쿠시마 원전 사고라는 레벨7의 심각한 사고로 종언을 맞이했다.

채택된 지 1년 만에 발효된 파리협정

후쿠시마 원전 사고라는 세계에 충격을 안긴 전례 없는 원전 사고를 겪은 뒤, 2015년 프랑스 파리에서 개최된 유엔기후변화협약 제21회 당사국총회(COP21)에서 기후변화에 관한 새로운 국제협약인 '파리협정(Paris Agreement)'이 채택되었다.

교토의정서는 2020년까지의 온난화 대책 목표를 정한 것이었고 파리협정은 그것을 잇는 형태로 2020년 이후의 목표를 정한 것이다.

파리협정에서는 세계 평균 기온이 산업혁명 이전 수준 대비 2℃ 이상 상승하지 않도록, 나아가 1.5℃ 이상 상승하지 않도록 노력한다는 세계 공통의 목표를 설정했다.

교토의정서가 선진국에 대한 온실가스 감축 의무를 부과했던 것에 반해 파리협정에서는 구속력 있는 수치 목표가 부과되지는 않았다.

하지만 파리협정은 선진국, 개발도상국 상관없이 참가국 전체가 온난화 대책에 노력하기로 합의했다는 점에서 커다란 의미가 있다.

전 세계가 지구온난화로 인한 기후변화는 인류의 존망이 달린 문제라는 점을 인식한 것이다.

파리협정은 채택한 지 겨우 1년이라는 이례적인 속도로 2016년 11월 4일에 발효되었다.

파리협정 발효 직후인 11월 16일 IEA는 「세계에너지전망 2016」과 함께 파리협정의 목표를 달성하기 위한 시나리오(450시나리오)를 발표했다.

이에 따르면 파리협정 채택 전인 2014년 전 세계 발전 전력량 구성은 천연가스 22%, 석유 4%, 원자력 11%, 석탄 41%, 재생에너지(대규모 수력 발전 포함) 22%인데, 파리협정의 목표를 달성하기 위해서는 2040년까지 천연가스 16%, 석유 1%, 원자력 18%, 석탄 7%, 재생에너지(대규모 수력 발전 포함) 58%로 에너지 구조를 전환할 필요가 있었다(도표11).

특히 큰 폭의 전환이 필요한 것은 재생에너지와 석탄이다. 2014년에 22%였던 재생에너지는 2040년까지 58%로 증가시키고, 이산화탄소를 가장 많이 배출하는 석탄은 2014년에 41%였던 것을 2040년까지 7%로 대폭 감소시킬 필요가 있다.

전력부문은 세계 CO_2 배출량의 약 40%를 차지하고 있는 만큼 전력부문의 저탄소화는 온난화 대책에 있어서 핵심이라고도 할 수 있다. 따라서 세계는 재생에너지 보급과 석탄 감축을 중심으로 한 에너지 전환을 추진

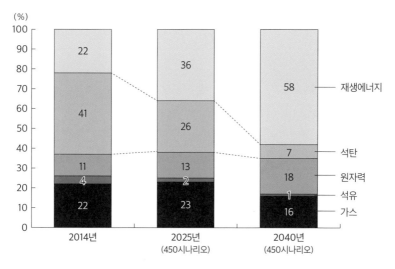

도표11   450시나리오의 발전 전력량 구성 추이

출처: IEA의 「세계에너지전망 2016」

하게 된 것이다.

에너지 전환의 필요성은 교토의정서 때도 거론되었다. 교토의정서에서 논의된 온난화 대책을 위해 노력해야 하는 내용과 파리협정에서 논의된 내용은 본질적인 면에서 큰 차이는 없다.

하지만 교토의정서는 채택되고 발효되기까지 미국의 이탈 등으로 인해 8년이나 되는 시간이 걸렸다. 반면 파리협정은 채택되고 발효에 이르기까지 1년이 채 걸리지 않았다. 어째서 이러한 차이가 발생했을까?

AI, IoT, 빅데이터에 의한 재생에너지 도입 기술의 혁신

파리협정이 채택된 지 겨우 1년 만에 발효된 배경에는 전례 없는 에너지 기술의 혁신이 있었다.

앞서 이야기했듯 에너지 전환의 본질은 재생에너지 보급 확대와 탈석탄이다.

하지만 태양광이나 풍력 같은 재생에너지는 기상 조건에 따라 발전이 좌우되는 변동전원이므로 안정성이 떨어진다. 그런 점에서 전원으로서 전력 시스템에 도입하기가 어려워 에너지 공급에 기여하는 부분은 한정적이라고 여겨졌다.

재생에너지의 변동성이라는 기술적 과제는 4차 산업혁명과 함께 등장한 IoT(Internet of Things, 사물인터넷), 빅데이터(Big Data), 그리고 AI(인공지능)라는 3종 혁신기술로 극복이 가능해졌다. IoT, 빅데이터, AI를 활용해 재생에너지의 변동성을 제어하는 차세대 에너지 시스템 개발에 돌입한 것이다.

4차 산업혁명은 독일이 2011년부터 내세우고 있는 기술전략 '인더스트리 4.0'에서 출발했다.

IoT, 빅데이터, 그리고 AI를 활용한 혁신적인 에너지 시스템을 에너지인터넷(IoE: Internet of Energy)이라고 부른다.

IoT는 컴퓨터나 스마트폰 단말기뿐만 아니라 가전, 자동차 등 다양한 사물이 인터넷에 연결되어 서로 정보를 주고받으며 단말기를 제어하는 정보통신기술(ICT)이다.

하지만 IoE라는 말은 다소 생소하게 들릴지도 모른다. IoE는 IoT의 에너지 버전이라고 생각하면 된다. 기능적으로는 스마트그리드의 진화 버전이라도 할 수 있다.

재생에너지는 기후에 따라 발전이 좌우되는데, 기상 데이터를 분석하면 각 재생에너지 발전소가 시시각각 변하는 기상 상황 속에서 얼마나 발전하고 있는지 파악할 수 있다.

또한 재생에너지 발전을 비롯해 각 발전소의 발전 데이터, 빌딩이나 공장, 일반주택 등의 전력 소비 데이터 등의 전력 수급 데이터를 축적하면 연간 수급 상황도 파악할 수 있다.

IoE에서는 각 발전소나 수요자를 IoT로 연결해 발전 데이터와 수요 데이

인더스트리 4.0

2011년에 독일에서 제창된 IoT 등 정보통신기술(ICT)을 구사해 산업의 고효율화를 촉진하는 혁신 프로젝트. 증기기관 발명에 따른 1차 산업혁명, 전기에 의한 2차 산업혁명, 컴퓨터에 의한 3차 산업혁명에 이어 ICT 활용에 따른 고효율화를 4차 산업혁명으로 보며, 이것을 인더스트리 4.0이라고 부른다.

터, 기상 관측 데이터를 IoT에 수집하고 빅데이터화한다. 그 데이터를 AI로 해석하면 언제, 어디에 있는 발전소에서 얼마나 발전을 돌리는 것이 최적인지 알 수 있고, 그것을 실행하는 전력 수급 지령을 산출해 내는 것이 가능해진다.

그리고 그 지령을 IoT를 통해 전력 공급 측인 각 발전소와 전력 수요 측인 공장이나 빌딩, 일반주택 등의 각 수요자에게 보내서 전력의 공급 부족이나 수요 과다 같은 불안정화가 일어나지 않도록 제어한다.

잉여전력이 발생한 경우에는 송전망에 접속된 거치용 축전지나 충전 중인 전기자동차(EV)에 축전해 조절한다. 이처럼 고도의 ICT를 활용해 전력의 최적 수급 제어를 하는 것이 IoE의 주요 개념이다.

IEA의 「세계에너지전망 2016」에서는 파리협정 목표를 달성하려면 2040년까지 재생에너지 발전량을 58%로 늘릴 필요가 있다고 전망했다. IoE가 도입되면 지금껏 기술적으로 어렵다고 여겨져 온 재생에너지의 전력 수급 제어가 가능해지기 때문에 재생에너지 도입이 확대될 수 있다.

파리협정이 채택된 지 겨우 1년 만에 발효된 배경에는 도쿄의정서 당시에는 없었던, 재생에너지의 약점을 극복하는 혁신적인 에너지 시스템의 개발이 있다.

아직은 낯선 IoE지만, 에너지 전환에 따른 재생에너지 도입 확대를 위해 전 세계는 IoE 기술 개발과 국제표준화, 그리고 사회 구현을 향한 노력을 기울이기 시작했다.

국가를 초월한 IoE의 개발과 국제표준화에 힘쓰는 유럽

IoE의 개발에 국가를 초월해 발 빠르게 나선 것이 유럽이다.

2011년에 프랑스, 벨기에, 독일, 이탈리아, 스페인, 스위스 등 유럽 11개 국의 대형 전력회사, ICT 관련 기업, 대학·연구기관 등 35개 기업·단체가 참가해 IoE를 개발하는 FINSENY(Future Internet for Smart Energy)라는 컨소시엄이 조직되었다.

FINSENY는 IoE 개발과 국제표준화, 사회 구현을 위해 스마트그리드에서의 발전예측제어·최적화를 위한 ICT 개발과 그 표준화를 목적으로 해서 실증실험을 하는 조직이다.

독일 전력회사 에온(E.ON), 프랑스 전력회사 EDF, 스위스에 본사를 둔 전력 관련 기업 ABB, 스웨덴의 세계적인 통신기기 제조사 에릭슨, 정보통신·전력 관련 기업 지멘스 등 국경을 넘어 쟁쟁한 기업이 참가해 기술개발과 유럽공동체(EC)에서의 기술표준화를 추진하고 있다.

기술개발뿐만 아니라 FINSENY의 활동에서 주목해야 할 것은 기술표준화에 대한 노력이다.

새로운 에너지 기술이 생겨나고 그 기술이 확산되어 글로벌 시장을 형성해나가는 과정에 있어서 각국이 각기 다른 기술을 채용한다면 국가를 초월한 보급·유통에 장벽이 될 수밖에 없다.

그런 이유로 기술의 국제표준화가 필요해지는데, 1995년에 발효한 세계무역기구(WTO)의 TBT협정(무역에의 기술적 장벽에 관한 협정)에서는 WTO 회원국은 강제/임의규격이 필요할 때 관련하는 국제규격이 존재하는 경우에는 국제규격을 자국의 강제/임의규격의 기초로 사용하도록 했다. 원칙적으로 국제표준화기구(ISO)나 국제전기기술위원회(IEC) 등 국제표준화 기관이 작성하는 국제규격을 자국의 국가표준에도 기초로 하는 것을 의무화했다.

즉, 어떤 기술에 있어서 국제표준규격이 존재하는 경우, 자신의 국가가 모르는 기술이라 하더라도 국제규격이 있는 이상 그것을 사용해야 한다는 이야기다.

아무리 비용과 시간을 들여 새로운 기술을 개발해도 다른 국가의 기술이 국제표준화로 지정되어 있으면 자국 기술은 국제적으로 유통될 수 없게 된다.

그렇기 때문에 파리협정 발효 이후 본격적인 국제 보급을 앞둔 재생에너지와 다양한 청정에너지 기술을 둘러싸고 타국보다 한발 앞서서 자국에 유리한 형태로 국제표준화를 추진해 자국의 기술과 제품을 국제적으로 보급하기 위해 각국이 움직이고 있다.

특히 유럽은 기업이나 연구조직을 연계시켜 우선 유럽공동체(EC) 등 유럽 내에서 표준화를 구축하고, 그 실적을 가지고 ISO나 IEC 등 국제표준화 기관에서의 논의를 끌어내 유럽 기술을 글로벌한 국제표준화로 정착시키는 수법을 주로 사용한다.

IoE는 에너지 전환을 추진하는 핵심 기술이다.

자원국과 국제석유자본이 석유, 천연가스 같은 자원을 컨트롤해 세계 주도권을 쥐었듯 에너지 전환에서는 석탄을 비롯한 전통 화석연료 의존에서 탈피하는 기술을 손에 넣는 자가 주도권을 쥐게 된다.

FINSENY의 기술표준화에 대한 노력은 그야말로 유럽의 전형적인 수법에 입각한 것이며, 에너지 전환을 위한 에너지 기술 쟁탈전은 이미 시작되었다고 할 수 있다.

유럽에서 IoE 개발에 나선 것은 FINSENY만이 아니다.

유럽 전역의 기업, 연구기관 등이 한데 모여 혁신기술을 개발하는 플랫폼인 ARTEMIS 산업협회에서는 FINSENY와 마찬가지로 2011년부터 2014년에 걸쳐 재생에너지의 잉여전력을 축전할 수 있는 전기자동차(EV)를 전기계통에 편입하기 위한 IoE 개발 프로젝트를 진행했다.

프로젝트에서는 이탈리아의 전력회사 에넬과 지멘스 등 유럽 10개국 38개 기업이 파트너가 되었고 유럽공동체의 틀 안에서 기술개발과 그 표준화를 위한 활동이 이루어졌다.

FINSENY와 ARTEMIS의 프로젝트는 파리협정이 채택되기 전부터 이미 추진되고 있었다. 유럽 각국이 연계해 한발 앞서 IoE를 추진함으로써 기후변화 시대에 에너지 분야에서 우위를 선점하려는 심산이다.

IoE 개발에 적극적이었던 오바마 정부

재생에너지 활용을 위한 IoE의 개발은 미국 오바마 정부에서도 적극적으로 추진되었다.

오바마 정부는 셰일가스나 각종 재생에너지, 그리고 연료전지를 비롯해 미국 국내의 이용할 수 있는 에너지를 모두 활용해 타국에 의존하지 않는 에너지 수급 체제를 구축하기 위한 기술개발과 연구를 추진하는 '포괄적 에너지 전략(all of the above energy strategy)' 정책을 2012년 6월에 대통령

부를 통해 공표했다.

'포괄적 에너지 전략'을 바탕으로 미국은 화석연료를 주체로 하는 기존의 전력계통에 태양광, 풍력, 수력, 지열, 바이오매스 등 다양한 재생에너지와 함께 연료전지 등 신규 기술을 전력계통에 통합하는 미국판 IoE '에너지 통합(Energy Integration)' 연구를 진행했다.

2013년 9월에는 미국 에너지부(DOE)가 재생에너지의 변동성을 제어하고 통합하는 대규모 실험을 위해 콜로라도주 덴버에 있는 국립재생에너지연구소(NREL) 안에 에너지 시스템 통합시설(ESIF: Energy Systems Integration Facility)을 개설했다.

ESIF는 전력계통의 연계를 연구하는 미국 첫 실증연구시설로 총면적 약 1만 7000m², 15개가 넘는 연구 설비와 다섯 개의 데이터센터로 이루어진 NREL 최대의 연구·개발시설이다.

ESIF의 연구 설비는 전력연구소, 열에너지연구소, 연료연구소 세 분야로 나뉘며, 재생에너지를 비롯한 각종 청정에너지를 전력계통에 통합한 경우 어떤 일이 일어나는지, 그 과제에 대처하는 기술을 개발한다.

ESIF 실험의 가장 큰 특징은 실제 상용운전 규모에 가까운 환경에서 진행할 수 있다는 점이다.

상용운전 정도의 대규모 실증실험은 말처럼 쉬운 일이 아니다. 하지만 ESIF에는 슈퍼컴퓨터가 설치되어 있어서 실제 상용운전 규모와 같은 환경을 만들어낼 수 있다.

민간기업도 개발한 기술을 사회에서 실용화하기 위해 ESIF의 설비를 사용할 수 있다는 점도 큰 특징이다.

연구비 부담이나 연구 취지에 대해 NREL과 합의를 거치면 민간기업이라도 국가의 최신 시설인 ESIF 시설을 이용할 수 있고, 개발한 기술의 지적재산권 역시 기업이 보유할 수 있다.

기술개발 분야에서는 흔히 연구기관 등에서 개발한 기술이 상품화 단계에 이르지 못해 실용화되지 않는 것을 기술개발의 '죽음의 계곡'이라고 부른다. 그런 점에서 보면 국가의 최신 시설을 민간기업에 공개함으로써 실용화의 길을 넓혔다고 할 수 있다.

이 정도로 규모가 큰 민간에도 개방된 연구·개발시설은 세계적으로 유례가 없다.

국경을 초월해 IoE 개발을 추진하는 유럽에 지지 않으려 미국도 IoE 개발에서 존재감을 한층 높이는 듯 보였다. 하지만 재생에너지에 회의적인 자세를 취한 트럼프 정부가 들어서면서 오바마 정부가 추진해온 '포괄적 에너지 정책'은 동력을 잃고 말았다.

미국 연방정부 차원의 재생에너지 보급과 IoE 개발의 움직임은 둔해졌지만, NREL과 파트너십을 맺었던 미국 기업은 많이 있었다.

트럼프 정부의 탄생 이후 미국의 IoE 개발은 이 같은 미국 기업과 기업이 위치하는 주정부를 중심으로 이루어지게 되었다.

블록체인으로 재생에너지 100% 공급을 보증하는 스페인의 전력회사

에너지 전환에 있어서 재생에너지의 보급 확대를 위해 전 세계가 IoE 개발에 나서고 있다. 그런 IoE 기술을 활용해 고객에게 100% 재생에너지로 생산한 전력을 공급하겠다고 나선 기업이 나타났다.

바로 스페인의 전력회사 이베르드롤라다.

앞서 스페인에서는 국가 정책으로서 ICT를 활용해 재생에너지를 도입하는 고도의 에너지 시스템이 구축되어 있다고 소개했는데, 주목해야 하는 것은 국가 단위의 시스템만이 아니다.

스페인의 대형 발전회사인 이베르드롤라는 높은 기술력을 바탕으로 자사의 재생에너지 발전을 제어하고 전력을 안정시켜 송전망으로 공급하고 있다.

이베르드롤라는 원자력, 석탄, 천연가스 이외에도 풍력을 비롯한 재생에너지 발전까지 아우르는 세계적인 규모의 전력기업이다. 유럽뿐만 아니라 북미, 남미까지 비즈니스를 전개하고 있으며, 특히 재생에너지 도입에 주력하고 있다.

이베르드롤라의 2018년 상반기 재생에너지 설비용량은 전 세계에서 2만 9479MW, 유럽에서는 1만 6782MW에 달한다. 보유한 발전설비 가운데 재생에너지 설비가 가장 크다.

2016년 그룹 전체 발전 전력량은 14만 2453GWh이고 그중 39%를 재생에너지로 발전한다. 발전량도 재생에너지 발전량이 가장 많다.

2003년 이베르드롤라는 자사의 풍력 발전, 소수력 발전 같은 재생에너지 발전의 수급 안정화를 위해 재생에너지 오퍼레이션 센터(CORE)라는 집중 관리 센터를 설치했다.

스페인의 수도 마드리드에서 남서쪽으로 약 70km 떨어진 오래된 도시 톨레도에 위치한 CORE는 ICT를 활용해 스페인 전역에 흩어져 있는 자사의 재생에너지 발전설비를 연결하고, 사무실에서 365일 24시간 정비·운전을 원격으로 관리한다.

CORE에 따르면 원격지의 발전소에서 제조사가 다른 여러 풍력 발전기를 이용해 발전을 돌린다고 해도 정비에 필요한 오일 잔량이나 부품 교환 정보 등을 현지에 가지 않고도 일괄적으로 파악할 수 있으며 필요한 작업을 명령할 수 있다고 한다.

발전효율을 높이기 위한 풍력 발전기의 블레이드(풍차 날개) 각도나 회전 속도 조절도 원격으로 조작 가능하다.

게다가 CORE는 앞서 소개한 스페인의 국영송전회사 REE처럼 기상정보를 활용한 발전예측도 하고 있다.

이 같은 세심한 감시·제어를 통해 화력 등 기존의 발전과 균형을 유지하면서 최적의 발전을 실현하고 있다.

이베르드롤라가 2003년에 CORE를 설치하고 재생에너지를 자사 발전의 주력으로 삼은 반면, 일본에서는 2014년 9월 규슈전력 등의 전력회사가 전력을 안정적으로 공급하기 어려워진다는 이유로 재생에너지의 접속 신청에 대한 회답을 보류했다.

접속 보류라는 대응을 할 수밖에 없는 일본의 전력회사와 비교하면 이베르드롤라의 기술력이 얼마나 높은지 알 수 있다.

이러한 높은 기술력을 바탕으로 이베르드롤라는 2019년 1월 최신 IoT 기술인 블록체인을 활용해 자사의 풍력, 태양광 발전시설에서 생산한 전력이 거래처에 공급되기까지를 실시간으로 추적하는 데 성공했다. 이로써 소비자에게 공급되는 전력이 100% 재생에너지라는 점을 보증할 수 있게 되었다고 발표했다.

지금까지는 아무리 재생에너지로 발전을 해도 전기를 송전망에 보내고 나면 화석연료로 발전한 전기와 섞여 버리므로 최종 수요자에게 도달한 전기가 무엇으로 발전된 전기인지 파악하기가 어려웠다.

하지만 블록체인이라는 최신 기술을 활용함으로써 수요자에게 도달한 전력이 무엇으로 발전된 것인지 증명할 수 있게 된 것이다.

교토의정서가 논의되던 당시만 해도 재생에너지를 도입하는 기술이 이 정도로 진보해 실용화될 것이라고는 상상하지 못했을 것이다.

거대 청정에너지 시장을 노리는 IT 기업

파리협정이 채택된 지 겨우 1년 만에 발효된 것은, IoE라는 재생에너지의 도입 확대를 가능하게 한 에너지 기술의 혁신 때문만은 아니다.

파리협정 목표를 달성하기 위해 필요한 에너지 전환이 거대한 청정에너지 시장을 만들어냈다는 점도 파리협정이 이례적인 속도로 발효되는 데 영향을 미쳤다.

파리협정이 채택된 COP21 기간 중인 2015년 11월 30일, '미션이노베이션(Mission Innovation)'이라는 COP21의 사이드이벤트가 개최되었다.

미션이노베이션에서 버락 오바마 미국 대통령, 프랑수아 올랑드 프랑스 대통령, 나렌드라 모디 인도 총리, 그리고 미국 마이크로소프트 공동창업자 빌 게이츠를 주축으로 정부와 민간이 힘을 합쳐 세계적인 청정에너지의 기술혁신을 실현한다는 서약을 발표했다.

서약에는 미국, 프랑스, 인도, 중국을 포함한 주요 20개국이 참가했으며, 서약국은 향후 5년 동안 재생에너지를 비롯한 청정에너지 기술의 연구·개발 투자를 늘리는 것에 합의했다.

청정에너지 기술에 명확한 정의는 없지만, 미국 에너지부(DOE)가 2015년 11월에 공표한 보고서 「미래를 위한 5대 청정에너지 기술(Revolution Now The Future Arrives for Five Clean Energy Technologies-2015 Update)」에서는 태양광 발전설비, 풍력 발전설비, 축전지, LED 조명, 전기자동차(EV)를 청정에너지 기술로 규정하고 있다. 그런 만큼 재생에너지를 핵심으로 한 에너지 고효율 기술을 청정에너지 기술로 볼 수 있다.

2013년 6월 14일 일본 정부가 발표한 '일본재흥전략-JAPAN is BACK'에서는 청정에너지 기술의 글로벌 시장이 2013년 40조 엔에서 2030년에는 160조 엔 규모로 성장할 것으로 내다봤다.

160조 엔은 세계 자동차 산업에 육박하는 시장 규모다.

새롭게 형성된 청정에너지 시장을 획득하기 위해서는 자국 내에 청정에너지 분야의 새로운 기술, 서비스를 만들어내는 시장을 창출하고, 그 실적을 바탕으로 세계 시장에 나서는 것이 정석이다. 미션이노베이션 참가국들은 자국의 청정에너지 분야에 투자를 서두르며 거대 시장 쟁탈에 나섰다.

이러한 거대 시장을 두고 가만히 바라만 볼 기업은 없다.

미션이노베이션의 서약을 실현하기 위한 민간 기업연합 '브레이크스루 에너지 연합(Breakthrough Energy Coalition)'도 발족했다.

'브레이크스루 에너지 연합'은 마이크로소프트의 빌 게이츠를 중심으로 한 세계적인 민간투자자 연합이다. 미션이노베이션 서약국이 청정에너지

기술을 연구·개발하고 시장에 도입하기까지 모든 과정을 경제적으로 지원함으로써 에너지 전환과 청정에너지 경제를 급속하게 발전시키고 실현하는 것이 목적이다.

'브레이크스루 에너지 연합'은 세계적으로 저명한 기업인 28명이 세웠는데, 마이크로소프트의 빌 게이츠 외에도 페이스북의 마크 저커버그 CEO, 세일즈포스의 마크 베니오프 CEO, 아마존의 제프 베이조스 CEO, 알리바바그룹의 마윈 회장, 소프트뱅크그룹의 손정의 회장, 링크드인의 창업자 리드 호프만, 휴렛패커드의 맥 휘트먼 CEO 등 쟁쟁한 IT 기업의 경영자가 이름을 올렸다.

석유, 천연가스 등 전통 화석연료의 쟁탈전에서는 국제석유자본이나 각국 정부가 주요 참가자였다. IT 기업 등은 전문 분야가 전혀 달랐다.

하지만 파리협정 목표를 달성하기 위해 추진되는 에너지 전환은 재생에너지 보급 확대를 위한 IoE 구축이라는, 그야말로 IT 기업이 주요 참가자로서 활약하는 장을 만들어냈다. 따라서 IT 기업이 자원에너지의 주역 자리를 두고 다투는 형태가 되었다.

'미션이노베이션'과 이를 보조하는 '브레이크스루 에너지 연합'이라는 지극히 비즈니스적 성격이 짙은 조직의 설립에서 알 수 있듯, 파리협정이 채택 후 겨우 1년이라는 이례적인 속도로 발효된 것은 기후변화 문제에 대처하고자 추진된 에너지 전환으로 인해 청정에너지라는 새로운 시장이 형성되는 것을 각국이 인지하고 발 빠르게 시장 쟁탈전에 뛰어들었기 때문이라고도 볼 수 있다.

새로운 청정에너지 시장의 구축은 교토의정서 당시에는 없었던 상황이

며, 세계가 파리협정을 지지하고 재생에너지의 보급과 탈석탄을 중심으로
에너지 전환을 이루어나가게 된 배경이 되었다.

가격 경쟁력을 갖춘 재생에너지

세계 각국은 기후변화 문제에 대처하고 청정에너지 시장에서 국제경쟁력
을 높이고자 에너지 전환에 정책적으로 나서기 시작했다.

특히 재생에너지 보급은 각국에서 활발하게 추진되고 있다. 이를 위해
재생에너지 보급을 장려하는 보조금 제도인 발전차액지원제도(Feed-in
Tariff)를 도입한 국가는 2002년 23개국에서 2014년 103개국으로 늘어나
는 등 그 움직임이 빨라지고 있다.

각국의 정책을 바탕으로 재생에너지 보급이 확대되면서 재생에너지의
설치 비용도 하락했다.

태양광 발전시설의 총 설치비용은 2011년 3891달러/kW였던 데 비해
2018년에는 1210달러/kW로 약 69%나 저렴해졌고, 그 결과 재생에너지를
발전하는 데 드는 비용도 2013년 무렵부터 기존의 전원 대비 경쟁력을 갖
기 시작했다.

재생에너지의 발전차액지원제도

재생에너지로 생산한 전기를 일정 기간 일정 가격으로 매입하도록 전기 사업자에게 의무적으로 부여한 제
도. 일본에서는 동일본 대지진 이후인 2012년에 시작되었다. FIT(Feed-in Tariff) 제도라고도 불린다.

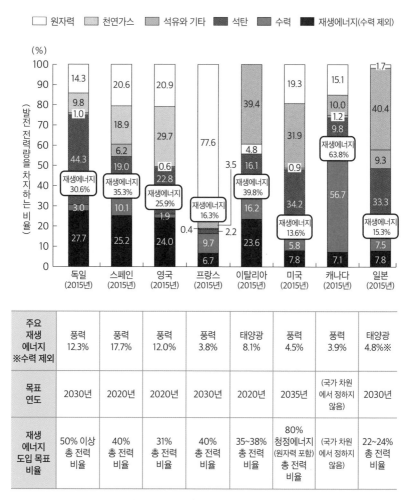

| | 원자력 | 천연가스 | 석유와 기타 | 석탄 | 수력 | 재생에너지(수력 제외) |

주요 재생 에너지 ※수력 제외	풍력 12.3%	풍력 17.7%	풍력 12.0%	풍력 3.8%	태양광 8.1%	풍력 4.5%	풍력 3.9%	태양광 4.8%※
목표 연도	2030년	2020년	2020년	2030년	2020년	2035년	(국가 차원 에서 정하지 않음)	2030년
재생 에너지 도입 목표 비율	50% 이상 총 전력 비율	40% 총 전력 비율	31% 총 전력 비율	40% 총 전력 비율	35~38% 총 전력 비율	80% 청정에너지 (원자력 포함) 총 전력 비율	(국가 차원 에서 정하지 않음)	22~24% 총 전력 비율

도표12　주요국의 재생에너지 발전 비율(2015년)과 도입 목표

출처: 일본 자원에너지청 '재생에너지 대량 도입 시대의 정책 과제와 차세대 전력 네트워크 상황' 2017년 12월 18일

2016년 1월 20일에 개최된 다보스포럼의 '에너지 전환(The Transformation of Energy)' 세션에서 파티 비롤 IEA 사무총장은 "재생에너지는 더 이상 로맨틱한 이야기가 아니라 에너지의 주류다(…… renewables are not anymore a romantic story, it is a mainstream fuel ……)"라고 말했다. 이처럼 세계에는 거액의 보조금 없이도 재생에너지가 화석연료 등의 전통 에너지에 대해 점차 경쟁력을 높여 간다는 인식이 깊어져 갔다.

그리고 2019년 에너지 발전 비용[신설 안건, 보조금 없음, 균등화 발전 원가(kWh)]은 원자력 155달러/MWh, 석탄 109달러/MWh, 천연가스 56달러/MWh, 태양광 40달러/MWh, 풍력 41달러/MWh로 재생에너지가 가장 저렴한 전원이 되었다.

각국의 발전 전력량에서 재생에너지의 비중은 증가했고, 2015년 시점에 선진국 가운데 재생에너지 비중이 30%를 넘는 국가도 나타났다.

더욱이 독일, 프랑스, 스페인 등은 2020년부터 2030년에까지 걸쳐 재생에너지 비율을 40~50%로 높이는 목표를 세우고 그 보급에 힘쓰고 있다 (도표12).

다보스포럼

세계의 저명한 기업 등이 조직한 민간단체인 세계경제포럼(본부 제네바)이 1971년부터 개최하고 있는 연차총회. 스위스 다보스에 각국의 정치가와 기업인, 학자, 비정부조직 NGO 등을 초대해 세계가 직면한 문제 등을 토론하고 해결을 촉진하는 것이 목적이다.

【 참고문헌 】

JCCCA 全国地球温暖化防止活動推進センターWebサイト https://www.jccca.org/faq/faq01_10.html
環境省Webサイト「気候変動の国際交渉」http://www.env.go.jp/earth/ondanka/cop.html
国際エネルギー機関(IEA)『世界エネルギー展望2006(World Energy Outlook 2006)』2006年
国際エネルギー機関(IEA)『エネルギー技術展望2008(Energy Technology Perspectives(ETP)2008)』
2008年
国際エネルギー機関(IEA)『世界エネルギー展望2016(World Energy Outlook 2016)』2016年
IEA "CO2 emissions from fuel combustion 2016"
『安全・安心社会の電気エネルギーセキュリティ』「安全・安心社会の電気エネルギーセキュリティ特
別調査専門委員会編」電気学会
IBERDROLA, S.A "Integrated Report, February 2017"
Renewable Power Generation Cost in 2018. IRENA. May 2019
Levelized Cost of Energy Analysis-Version 13.0. Lazard. November 2019
資源エネルギー庁「再生可能エネルギーの大量導入時代における政策課題と次世代電力ネットワーク
の在り方」2017年12月18日

03

에너지 전환이 불러온 판도 변화

재생에너지를 선택하기 시작한 수요자

파리협정 발효에 따른 에너지 전환은 지금까지의 자원에너지 이론을 뒤엎는 새로운 게임의 규칙을 만들었다.

2014년 RE100(Renewable Energy 100%)이라는 기업 그룹이 발족했다. 가입한 기업은 자사가 소비하는 에너지를 100% 재생에너지로 전환할 것을 약속한다.

RE100은 국제환경 NGO인 기후그룹(TCG: The Climate Group)이 제시한 기업의 이니셔티브로, 본사뿐만이 아니라 해외 각지의 사업소와 지점 등을 포함한 기업 전체가 100% 재생에너지를 달성하는 것이 원칙이다.

RE100에서 말하는 재생에너지란 수력, 태양광, 풍력, 지열, 바이오매스 등이며 그 조달은 자사의 시설에서 자체 발전하거나, 혹은 전력시장에서 재생에너지 전력을 구매해 소비한다.

2020년 8월 시점에 세계 250여 개의 회사가 동참했고, 가입한 기업의 2018년 소비전력을 합하면 연간 228TWh 정도가 된다.

이것은 국가로 따지면 남아프리카공화국보다 큰 규모이며 세계 21위 소비국과 비슷한 수준이다.

일본의 2018년 연간 전력소비량이 세계 4위인 1028TWh라는 점에서 기업 단위의 이니셔티브로서는 규모가 큰 편이라고 할 수 있다.

2019년 12월에 공개된 RE100의 연차보고서에서는 가입 기업 3사 중 1사가 현재 75% 이상의 재생에너지 전력 목표에 도달했으며 30사 이상이 100% 재생에너지화를 달성했다고 밝혔다.

RE100에는 애플이나 페이스북, 마이크로소프트, 구글, 세일즈포스, 휴렛패커드 등 '브레이크스루 에너지 연합'에 포함된 IT 기업도 다수 참가하고 있으며 이미 애플, 마이크로소프트, 구글은 재생에너지 100%를 달성한 상태다.

앞서 말한 '브레이크스루 에너지 연합'의 IT 기업들은 청정에너지 시장에서 세력을 넓히기 위해 스스로 재생에너지 100%를 실현해 세계 에너지 동향을 자사의 비즈니스에 유리한 방향으로 견인하려는 목적을 분명히 하고 있다.

IT 기업들은 자사뿐만 아니라 하청 부품회사 등의 거래처에 대해서도 거래 조건으로서 재생에너지 100%를 요구해 나갈 것으로 보인다. 에너지 주도권을 둘러싼 수면 밑 싸움은 이미 시작되었다.

ESG 투자의 확대

RE100의 움직임을 뒷받침하는 또 다른 요인은 기후변화 시대의 새로운 조류, 바로 ESG 투자다.

ESG 투자는 Environment(환경), Social(사회), Governance(지배구조)의 앞글자를 딴 말이다.

세계가 빈부 격차나 기후변화 문제 등에 직면한 지금, Environment(환경), Social(사회), Governance(지배구조)를 고려해 기업에 투자해야 투자자의 장기적인 수익 향상은 물론 지속가능한 사회 만들기에 공헌할 수 있다는 유엔의 제창에서 시작된 개념이다. 이 같은 ESG의 관점에서 투자를 진행하는 금융기관이 점차 늘어나고 있다.

ESG 경영을 하지 않는 기업은 투자자의 기피 대상이 되어 충분한 투자를 받지 못하게 될 수 있다. 따라서 기업은 RE100에 가입해 재생에너지 활용을 확대함으로써 자사가 기후변화 문제에 대처하고 있다는 점을 드러내려고 노력한다.

교토의정서 당시에는 재생에너지 보급이나 기후변동 문제에 대처하는 것은 이익이 되지 않는다고 여기는 경향이 있었다.

하지만 파리협정 발효를 계기로 기업과 투자자는 재생에너지를 스스로 선택하는, 교토의정서 당시와 정반대의 움직임을 보이기 시작했다. 그야말로 에너지 게임의 규칙이 변한 것이다.

RE100에 가입한 일본 기업(가입순 2021년 4월 시점 53개사)[*]

리코	세키스이하우스	아스쿨
다이와하우스공업	와타미	이온
세이난신용금고	마루이그룹	후지츠
엔비프로홀딩스	소니	후요종합리스
생활협동조합 코프삿포로	토다건설	코니카미놀타
다이토건탁	노무라종합연구소	도큐부동산홀딩스
후지필름홀딩스	에셋매니지먼트 One	다이이치생명보험
파나소닉	아사히카세이홈즈	다카시마야
후지쿠라	도큐	휴릭
릭실그룹	라쿠텐	안도 · 하자마
미쓰비시지쇼	미쓰이부동산	스미토모임업
오노약품공업	니혼유니시스	어드반테스토
아지노모토	세키스이화학공업	아식스
J. 프론트리테일링	아사히그룹홀딩스	기린홀딩스
다이아몬드일렉트릭홀딩스	세븐 & 아이홀딩스	노리츠
무라타제작소	이치고	쿠마가이구미
니콘	닛신식품홀딩스	시마즈제작소
도큐건설	세이코엡손	

EV100에 가입한 일본 기업(가입순 2021년 4월 시점 5개사)[**]

이온몰	아스쿨
일본전신전화	도쿄전력홀딩스
다카시마야	

출처: JCLP홈페이지를 참고해 작성

☑ C O L U M N ● ●

일본의 RE100, EV100

일본에서도 해마다 RE100에 가입하는 기업이 늘고 있다. 2021년 4월 시점에 53개사가 RE100에 가입되어 있다.

운송부문의 온실가스 배출량 감축을 목표로 2030년까지 운송부문의 전동화를 표준으로 하기 위한 EV100이라는 국제 이니셔티브도 2017년 9월에 발족했다. EV100에 가입한 기업은 자사에서 사용하는 차량을 전기자동차(EV)로 교체할 뿐만 아니라 관련 시설에 충전설비를 설치해 종업원은 물론 고객의 EV 이용 향상을 꾀한다. EV100의 대상 차종은 배터리 전기자동차(EV), EV100 기준에 맞는 플러그인 하이브리드차(PHV), 수소연료전지차(FCV)이며 2020년 12월 시점에 92개사가 가입되어 있다. 일본 기업도 5개사가 EV100에 가입한 상태다.

----

* RE100에 가입한 한국 기업(2022년 5월 시점 19개사). 기아, 현대자동차, 현대위아, 현대모비스, 인천국제공항공사, 롯데칠성음료, SK아이이테크놀로지, 미래에셋증권, 고려아연, KB금융그룹, 한국수자원공사, LG에너지솔루션, 아모레퍼시픽, SKC, SK실트론, SK머티리얼즈, ㈜SK, SK하이닉스-옮긴이
출처: RE100 THE CLIMATE GROUP 홈페이지 https://www.there100.org/re100-members?items_per_page=All

** EV100에 가입한 한국 기업(2022년 5월 시점 2개사). LG에너지 솔루션, SK네트웍스-옮긴이
출처: THE CLIMATE GROUP 홈페이지 https://www.theclimategroup.org/ev100-members

가속화하는 석탄 다이베스트먼트

에너지 전환의 포인트 중 하나인 탈석탄을 향한 움직임도 활발해졌다.

전통 화석연료 발전에서 종류별 CO_2 배출량(2020년 1월 시점)을 보면 LNG화력 발전은 0.415kg-CO_2/kWh, 석유화력이 0.721kg-CO_2/kWh인데 비해 석탄화력은 0.867kg-CO_2/kWh로 화석연료 발전 가운데 가장 많은 CO_2를 배출한다.

기존의 석탄화력 발전이 아니라 석탄을 가스화해 사용하는 최신 석탄가스화복합발전(IGCC: Integrated coal Gasification Combined Cycle)에서도 그 배출량은 0.733kg-CO_2/kWh로 여전히 화석연료 발전 가운데 가장 많은 CO_2 배출량을 보인다.

최신 기기도 마찬가지다. LNG화력 발전의 최신 기기인 가스터빈에 증기터빈을 병설한 가스터빈복합발전(GTCC: Gas Turbine Combined Cycle)의 CO_2 배출량은 석탄가스화복합발전의 절반 수준인 0.32~0.36kg-CO_2/kWh인 만큼, 석탄화력 발전으로는 도저히 맞설 수가 없다.

당연히 세계 각국에서는 파리협정 목표를 달성하기 위해 CO_2 배출량이 많은 석탄을 멀리하려는 움직임이 활발해졌고, 석탄 0%라는 구체적인 목표를 세우는 국가도 나타났다.

벨기에는 2016년에 이미 탈석탄을 달성했으며, 프랑스를 비롯한 구미 각국은 2030년 무렵까지 석탄 0% 달성을 목표로 하고 있다(표1).

석탄에 의한 산업혁명을 경험한 영국조차 2025년까지 탈석탄을 달성하겠다는 목표를 세운 것은 세계적인 탈석탄 흐름을 상징적으로 보여준다고 할 수 있다.

국가 명	0% 달성 목표 연도
벨기에	2016년(0% 달성)
프랑스	2021년
스웨덴	2022년
영국	2025년
오스트리아	2025년
이탈리아	2025년
핀란드	2029년
네덜란드	2030년
캐나다	2030년
덴마크	2030년
포르투갈	2030년
독일	2038년

표1   세계 각국의 탈석탄 목표
출처: Climate Analytics 자료를 참고해 작성

국가만 탈석탄을 추진하는 것은 아니다. 세계은행그룹은 2013년부터 석탄화력 건설에 금융지원을 원칙적으로 금지한다는 방침을 밝혔다.

아시아인프라투자은행(AIIB)도 환경친화적인 녹색투자를 추진한다는 방침에 따라 2017년 12월 11일 열원을 석탄에서 가스로 전환하기 위해 중국 북경에서 가스 도관을 부설하는 프로젝트에 2억 5000만 달러를 융자한다고 발표했다.

이외에도 ING그룹(네덜란드), BNP파리바(프랑스), 독일은행(독일), US뱅코퍼(미국) 등이 석탄화력 시설·석탄 채굴에 신규 직접융자를 중지하는 등 세계 금융권에 탈석탄 바람이 불고 있다.

연금기금도 석탄 관련 기업에서 투자를 철회하려는 움직임을 보이고 있다. 자금 규모가 큰 연금기금은 세계 주요 기관투자자로서 그 영향력이 막강한데, 에너지 전환 시대에 발맞추어 석탄에서 투자를 철회하는 다이베스트먼트(divestment) 방침을 선언하는 연금기금이 늘고 있다.

2017년 3월 노르웨이 정부는 자금 규모 9000억 달러에 달하는 노르웨이국부펀드(GPFG)의 투자처 가운데 수입의 30% 이상을 석탄 관련 사업에서 얻고 있는 59개사를 제외한다고 공표했다.

제외 리스트에는 일본의 주고쿠전력, 호쿠리쿠전력, 시코쿠전력, 오키나와전력, J파워 5개사도 포함되어 있어 그 여파가 상당하다.

이러한 일본의 5개 전력회사는 환경 보전이라는 관점에서 투자 가치가 없다고 판단한 것이다.

다이베스트먼트 방침은 프랑스 연금준비기금(FRR), 덴마크 연금기금, 전미 최대의 공적연금기금인 미국 캘리포니아 공무원연금(CalPERS) 등 각국의 연금기금이 표명하고 있는 만큼 세계적인 흐름이 되어가고 있다.

국가나 금융기관, 연금기금에 의한 다이베스트먼트는 확산되고 있으며, 그 총자산액은 2015년 5월 시점에 무려 6조 달러에 달했다.

과거에 석탄은 목탄이라는 자원에 대한 의존을 해소하고 제철 기술을 진보시키고 증기기관의 연료가 되어 근대화의 문을 연 자원으로서 한 시대를 풍미했다.

다이베스트먼트
특정 국가·지역·산업 등에서 투자를 철회하는 것을 말한다.

하지만 기후변화 문제가 심각해지면서 에너지 전환이라는 새로운 조류가 생겨나고 세계 각국, 각 기업이 청정에너지 시장의 쟁탈전에 나서는 가운데 석탄 관련 산업이 설 자리는 더욱 좁아지고 있다.

한계비용이 없는 재생에너지

재생에너지 보급이 확산되면서 전력 도매시장에도 변화가 일어났다. 재생에너지가 전통 화석연료와 원자력을 시장에서 밀어내는 상황이 벌어진 것이다.

다른 에너지원과 비교했을 때 재생에너지의 가장 큰 특징은 한계비용이 없다는 점이다.

한계비용이란 생산량의 증가분 한 단위당 총비용의 증가분으로, 쉽게 말해서 생산물의 생산량을 하나 증가시켰을 때 추가로 들어가는 비용을 말한다.

발전에서 한계비용이라고 하면 발전량을 1단위(1kWh) 증가시키는 데 필요한 석탄, 석유, 천연가스 등의 연료비가 된다. 원자력 발전에서는 핵연료비가 이에 해당한다.

하지만 재생에너지의 경우 발전에 필요한 바람, 태양광, 지열 등은 아무리 사용해도 비용이 들지 않는다. 즉, 한계비용이 없다.

발전을 돌리는 전력회사가 시시각각 변하는 전력 수요에 대응해 전력을 공급하기 위해서는 연료비, 즉 한계비용이 저렴한 발전소부터 순서대로 가동해 전력을 공급하는 것이 가장 경제적이다.

당연히 연료비가 비싼 발전소를 가동시키면 그만큼 수익이 줄어든다.

그러므로 전력회사는 특별한 이유가 없는 한 통상적으로 한계비용이 저렴한 순서로 발전을 돌린다.

전력회사가 도매시장에 전력을 공급하는 데 있어서 석탄, 석유, 천연가스 등의 화력 발전, 원자력 발전, 그리고 태양광, 풍력 등 각종 재생에너지 발전 같은 다양한 종류의 발전소를 한계비용이 저렴한 순으로 나열한 것을 '메리트 오더(merit order)'라고 부른다.

메리트 오더를 살펴보면 연료비가 전혀 들지 않는 풍력·태양광·지열 발전 등의 재생에너지가 처음에 위치하고, 원자력 발전→석탄화력→천연가스→석유화력이 그 뒤를 잇는다(도표13).

즉, 우선은 태양광이나 풍력 등 한계비용이 없는 재생에너지 발전으로 가능한 한 수요를 채우고, 부족한 경우에는 원자력 발전→석탄화력 발전

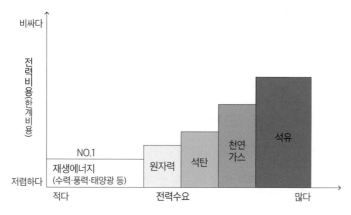

도표13   메리트 오더 순서
출처: 필자 작성

→천연가스 발전→석유화력 발전이라는 한계비용이 저렴한 순서로 메워 가는 것이다.

재생에너지 보급이 확산되면 필연적으로 전력 도매시장에도 재생에너지가 많이 나오게 된다.

일본의 전력 도매시장 거래는 전력 자유화가 발달된 구미에 비해 아직 활발한 편은 아니다. 하지만 재생에너지 발전으로 생산된 전력이 원자력, 화석연료 발전 전력과 시장에서 맞붙게 되면 메리트 오더에 따라 한계비용이 없는 재생에너지의 가격 경쟁력이 상대적으로 높아진다. 따라서 시장 가격은 저렴한 재생에너지를 중심으로 형성되게 된다.

그렇게 되면 재생에너지 설비의 설치 가격 역시 낮아지므로 재생에너지가 시장에 나오면 나올수록 한계비용이 발생하는 원자력, 화석연료 발전은 시장에서 밀리게 되는 것이다.

재생에너지가 싸다는 인식이 아직 일반적인 일본에서는 상상하기 어려운 일이지만, 재생에너지 보급이 진행된 구미에서는 이 같은 움직임이 일어나고 있다.

독일 유럽에너지거래소(EEX)의 전력 도매가격을 보면 2008년 69.9유로/MWh였던 전력 도매가격이 재생에너지가 보급되면서 2017년에 32.4유로/MWh까지 하락했다.

물론 전력 도매가격의 하락에는 석탄 가격 하락 등 다른 연료의 동향도 영향을 미치고 있다. 그렇지만 재생에너지 보급이 시장 가격을 낮추는 중요한 요인이라는 점은 분명하다.

이처럼 한계비용이 저렴한 재생에너지가 시장을 장악하면서 한계비용이

드는 기존의 화석연료 발전이나 원자력 발전은 도태되어 시장에서 내밀리는 상황에 놓였다.

대규모 화석연료, 원자력을 분리하는 대형 전력회사

전력 도매시장 거래에서 재생에너지가 경쟁력을 높여가자 전통적인 원자력, 화석연료 같은 대규모 발전에 주력해온 전력회사의 비즈니스에도 변화가 일어났다.

2014년 11월 30일 독일의 4대 전력회사이자 EU에서 발전 규모 4위(2013년 시점)를 자랑하는 에온이 지금까지의 대규모 중앙집중형 원자력 발전과 갈탄, 석탄 등의 화력 발전 사업 등 전통적인 발전 사업을 본사에서 분리한다고 발표했다.

재생에너지 사업, 분산형 발전을 도입하기 위한 스마트그리드 사업, 그리고 고객 니즈에 대응하는 전력공급서비스 사업 세 부문을 본사의 기간 사업으로 삼는다는 비즈니스 전략의 대전환을 꾀한 것이다.

에온은 분사함에 따라 종업원 6만 명 가운데 2만 명을 새롭게 설립한 유니퍼(Uniper)로 이동시키는 동시에 원자력과 갈탄, 석탄 등의 대규모 중앙집중형 발전 사업을 맡기는 체제로 전환했다.

에온의 이 같은 비즈니스 전략의 대전환은 세계 각국에 충격을 안겼다.

어째서 에온처럼 큰 전력회사가 비즈니스 전략을 180도 전환한 것일까?

그것은 앞서 말했듯 한계비용이 없는 재생에너지의 보급을 중요한 이유로 꼽을 수 있다.

독일의 재생에너지 보급에 대한 노력은 2000년 발전차액지원제도를 개시하면서 시작되었다.

2003년 발전 전력량 가운데 재생에너지가 차지하는 비중(수력 발전 포함)은 7.5%였다. 보급 정책이 진행되면서 2014년에 25.8%로 증가하며 석탄을 제외한 전원별 발전 구성비 1위를 차지했다.

한편 에온의 독일 국내 발전 전력 비중(2013년)은 석탄·갈탄, 석유, 천연가스 등의 화석연료가 약 60%, 원자력이 약 29%로 전체 발전 전력량의

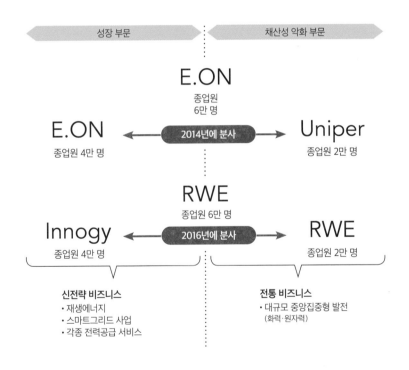

도표14 　 비즈니스 전략을 재생에너지로 전환하는 유럽의 전력회사
출처: 필자 작성

약 90%을 차지하고 있었고, 재생에너지 비중은 겨우 11%에 불과했다.

전력 도매시장에서는 한계비용이 저렴한 재생에너지 전력이 거래되고 있었지만, 에온은 한계비용이 높은 원자력, 화석연료를 이용한 발전이 대부분이었기 때문에 시장 경쟁에 뒤처지고 만 것이다.

이에 따라 에온은 채산성이 점점 떨어지는 원자력, 화력 같은 대규모 중앙집중형 발전 사업을 분리하고 에너지의 주류가 된 재생에너지를 비롯한 청정에너지로 사업 방침을 전환했다.

마찬가지로 독일 4대 전력회사 중 하나이자 EU에서 발전 규모 2위(2013년), 종업원 6만 명을 거느린 RWE 역시 재생에너지 발전량 비중이 1%로 매우 낮았다.

그로 인해 사업 환경은 열악해졌고 2010년 4월 67유로였던 주가가 2015년 4월에 24유로로까지 하락했다.

게다가 2013년에는 창업 이래 처음으로 세후 이익이 적자로 전락했고 2013년도 주주 배당은 반감되고 말았다.

이러한 상황에서 벗어나기 위해 2016년 RWE는 에온과 마찬가지로 분사화를 단행했다.

RWE 본사에는 종업원 2만 명과 함께 채산성이 떨어지고 있는 원자력, 화석연료에 의한 대규모 중앙집중형 발전 사업을 남기고, 장래성이 기대되는 청정에너지 사업을 위해 새로운 회사 이노기(Innogy)를 설립해 종업원 4만 명을 이동시켰다.

RWE와 에온은 분사화 이후에도 M&A 등을 통해 에너지 전환 시대에서 살아남기 위한 기업 재편에 적극적으로 나서고 있다.

에너지 전환으로 인해 게임 규칙이 바뀌고 그 영향이 발전회사에까지 미치고 있다는 것을 보여주는 사건이다.

석유를 버린 록펠러

석유왕이라고 불렸던 록펠러 가문의 자산을 운용하는 록펠러 패밀리 펀드는 2016년 3월 23일 국제석유자본인 엑슨모빌의 주식을 매각한다고 발표했다.

엑슨모빌은 록펠러가 석유 비즈니스로 막대한 부를 쌓았던 스탠더드오일그룹의 혈통을 잇는 록펠러의 원류라고도 할 수 있는 기업이다.

록펠러 패밀리 펀드는 보도 자료를 통해 '각국 정부가 이산화탄소(CO_2) 배출량을 줄이기 위해 노력하는 가운데 기업이 석유를 탐사하는 건전한 이론적 근거는 없다'라고 밝혔다.

일찌감치 석유의 장래성을 내다보고 1870년 미국 오하이오주에서 스탠더드오일을 설립한 존 D. 록펠러는 백여 년이 지난 후에 자신의 자손이 석유에서 손을 떼는 결단을 내리리라고는 꿈에도 생각하지 못했을 것이다.

오일 러시 시대부터 석유 비즈니스를 해오며 세계 유수의 거대 재단이 된 록펠러 가문의 자산운용회사가 이 같은 경영 판단을 내릴 정도로 에너지 게임은 그 판도가 완전히 바뀌고 있다.

석유 연료에서 벗어나려는 움직임은 록펠러뿐만 아니라 각각의 국제석유자본 기업으로도 확대되고 있다.

노르웨이에 본사를 둔 북유럽 최대 석유·가스기업 스타토일(Statoil)은

2018년 3월 회사 이름에서 석유를 의미하는 'oil'을 빼고 평등, 균형을 의미하는 'equi'와 노르웨이를 뜻하는 'nor'를 조합해 에퀴노르(Equinor)로 사명을 변경했다.

에퀴노르는 에너지 게임의 판도 변화를 받아들이고 비록 대형 석유·가스기업이지만 그것을 고집하지 않고 재생에너지를 적극적으로 수용하겠다는 기업 정체성을 드러내는 사명이다.

에퀴노르는 2050년에 노르웨이 국내 사업 활동에 따른 CO_2 배출량을 사실상 제로로 한다는 목표를 세우고 2030년까지 연간 투자액의 20%를 재생에너지에 투자할 방침이다.

또한 국제석유자본의 일각으로 군림한 로열더치셸도 2050년까지 CO_2 배출량을 사실상 제로로 하는 것을 목표로 재생에너지에 대한 투자를 늘리고 있다.

로열더치셸은 2019년 멕시코만 석유 개발 프로젝트에 대규모 투자를 결정했다. 이것은 끝이 보이는 기존의 화석연료 비즈니스로 최대한 이익을 얻는 동시에 재생에너지를 비롯한 청정에너지로 전환해간다는 비즈니스 전환 전략의 일환으로 보인다.

석유라는 화석연료를 앞세우던 국제석유자본은 에너지 게임의 판도 변화에 대응하기 위해 재생에너지라는 새로운 말을 손에 넣어야 하는 만큼, 생존을 건 승부에 나섰다.

에너지 전환을 가속화시킨 「지구온난화 1.5℃ 특별보고서」

에너지 전환과 그에 따른 에너지 게임의 판도 변화는 더욱 가속화될 전망이다.

2018년 10월 기후변화에 관한 정부간 협의체(IPCC)는 「지구온난화 1.5℃ 특별보고서」를 통해 지구온난화를 파리협정 목표인 2℃ 미만이 아니라 1.5℃로 낮추어야 지속가능한 세계를 만들 수 있다고 언급했다. 이를 위해서 재생에너지의 발전 전력량을 2030년까지 47~65%로 높이는 시나리오를 공개했다.

앞서 말했듯 파리협정 발효 직후인 2016년 11월 16일 국제에너지기구(IEA)는 「세계에너지전망 2016」에서 파리협정 목표를 달성하려면 2040년까지 재생에너지(대규모 수력 포함) 비중을 58%로 높여야 한다고 발표했다.

즉, IPCC의 「지구온난화 1.5℃ 특별보고서」는 IEA가 발표한 시나리오보다 약 10년 빨리 재생에너지 보급 목표를 달성해야 한다는 점을 보여주고 있다.

파리협정 발효 이후 겨우 2년 만에 예상 목표가 10년이나 앞당겨진 것은 참으로 급작스러운 전개다.

2018년 12월에 개최된 유엔기후변화협약 당사국총회(COP24) 당시에도 「지구온난화 1.5℃ 특별보고서」는 특별 이벤트나 IPCC 사이드이벤트 등 다양한 장에서 거론되었다.

최종적인 COP24의 결정에서는 「지구온난화 1.5℃ 특별보고서」가 언급되지 않았지만, COP24 기간에 영국, 프랑스, 독일, 노르웨이, 핀란드, 카타르, 뉴질랜드, 베트남, 마셜제도, 피지, 코스타리카, 멕시코, 칠레, 아르헨티나, 캐나다 등 많은 국가가 2019년 혹은 2020년까지 자국의 감축 목표를 높이겠다는 의사를 표명했다.

논의는 다음 COP에서도 이어졌고, 1.5℃라는 목표를 두고 에너지 전환을 포함한 기후변화 대책을 어떻게 진행해나갈 것인지를 논점으로 국제교섭이 진행되고 있다.

코로나19가 불러온 석유의 마이너스 가격

한편 세계적인 에너지 전환의 움직임을 불투명하게 만드는 사건이 일어났다. 바로 신형 코로나바이러스(COVID-19)로 인한 팬데믹이다.

신형 코로나바이러스(이하 코로나19)의 감염 확대는 일상생활에 영향을 미쳤고 세계 경제를 마비시켰다.

2020년 4월 14일 국제통화기금(IMF)은 세계 경제가 코로나19 팬데믹으로 인해 1930년대에 발생한 세계 대공황 이래 최악의 경기 후퇴를 겪을 것이라고 전망했다.

세계 각국에서는 도시를 봉쇄하는 등 이동이나 경제 활동을 제한하고 나섰다.

COP24

폴란드 카토비체에서 2018년 12월 2일부터 15일까지 개최된 제24회 유엔기후변화협약 당사국총회(The 24th Conference of the Parties to the Nations Framework Convention on Climate Change)의 약칭. 190개가 넘는 국가와 지역이 참가하며 지구온난화 대책에 대한 국제적인 협약인 '파리협정'의 실행을 위한 규칙이 채택되었다.

코로나19와 공존하는 라이프스타일 '뉴노멀(New Normal)' 정책을 시행하려는 국가도 생겨나고 있지만, 좀처럼 감염이 잦아들지 않아 여전히 불안정한 상황에 놓여 있다.

그런 가운데 2020년 4월 20일 뉴욕시장에서 국제적인 원유거래 지표인 서부텍사스원유(WTI: West Texas Intermediate)의 5월 선물 가격이 전일 대비 약 56달러 하락한 배럴당 마이너스 37.63달러에 거래를 마감하며 역사상 첫 '마이너스 가격'을 기록했다.

석유시장은 코로나19 팬데믹 전인 2018년 무렵부터 미국산 셰일오일의 생산 증가 등으로 인해 공급 과잉에 빠져 있었다.

본래 석유수출국기구(OPEC)와 러시아 등 비가맹 주요 산유국이 교섭을 통해 석유 감산을 논의했어야 했지만, 교섭은 결렬되었다. 2020년 3월에 사우디아라비아가 석유를 증산하며 가격 경쟁에 나서는 등, 산유국들이 시장 획득을 위한 경쟁을 벌이면서 석유시장은 점점 더 공급 과잉에 빠졌고 세계 각국의 석유 저장 기지는 가득 차고 말았다.

그런 가운데 코로나19로 인해 경제 활동이 줄어들면서 석유 수요가 급격히 줄어들었고 그로 인해 원유는 더욱 남아돌게 되었다. 결국 원유를 사려는 사람이 사라져, 원유 생산자와 트레이더가 돈을 주어서라도 받아 가

뉴노멀

'새로운 상태·상식'이라는 의미. 최근 신형 코로나바이러스 감염증 확산이라는 지금껏 경험해보지 못한 사회적 상황 속에서 그 영향을 일시적인 것이 아니라 '새로운 상태(뉴노멀)'로서 받아들이고 대책을 마련해간다는 의미로 사용되고 있다.

게 해야 하는 상황, 즉 '마이너스 가격'이라는 비정상적인 상황이 발생한 것이다.

정책적 의도가 추진력이었던 재생에너지

일본은 재생에너지 보급의 과도기에 놓여 있다 보니 재생에너지의 발전 비용이 많이 든다고 생각하는 사람이 많다. 원유 가격이 이렇게까지 떨어지면 비용이 많이 드는 재생에너지에 대한 투자가 진행되지 않을 것이라고 예상할지 모른다.

하지만 지금까지 세계 재생에너지 설비에 대한 투자액 추이를 살펴보면 원유 가격의 동향과 관계없이 투자가 이루어져 왔다는 사실을 알 수 있다 (도표15).

특히 2014년 원유 평균 가격이 배럴당 93.11달러였던 데 반해 2015년에는 48.71달러로 큰 폭으로 하락했는데, 이 기간에도 재생에너지의 설비 투자는 증가했다.

이것은 재생에너지 보급을 위한 보조금 제도인 발전차액지원제도를 도입한 국가가 2002년 23개국에서 2014년 103개국으로 늘었듯, 각국이 원유 가격의 동향과 관계없이 기후변화 문제에 대한 대책으로서 정책적으로 재생에너지 보급을 추진해왔기 때문이다.

재생에너지 보급을 추진하는 세계의 정책 동향은 2008년 리먼 사태에 직면했을 때도 변함이 없었고, 재생에너지의 발전차액지원제도 도입국은 2008년 71개국에서 2009년 81개국으로 증가했다(도표16).

도표15   재생에너지 설비 투자액과 원유 가격 추이

주: 2020년 원유가격은 1~3월 평균, 2020년 재생에너지 설비투자액은 추계
출처: BNEF의 「Global renewable capacity investment 2004 to 2019」와 「World Bank-Commodity Markets」 참조

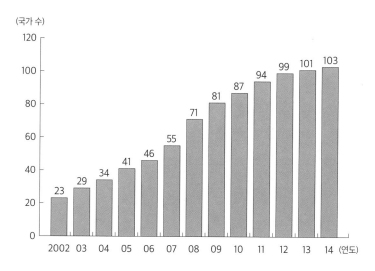

도표16   재생에너지 발전차액지원제도(FIT)를 제정한 국가의 누적 수

출처: 「The German Energy Transition in International Perspective」 P7, IASS Study, (March 2016) 참조

즉, 지금껏 재생에너지의 보급은 원유 가격이나 경제 위기의 영향보다는 기후변화 문제에 대한 대책이라는 정책적 의도가 추진력이 되었다고 볼 수 있다.

코로나19 상황 속 원유 가격 하락에도 강세를 보이는 재생에너지

지금까지는 원유 가격에 상관없이 재생에너지의 보급을 추진해 왔지만, 코로나19 팬데믹이 맹위를 떨치고 있는 상황에서는 과연 어떨까?

　2020년 4월 국제에너지기구(IEA)는 「에너지전망(Global Energy Review) 2020-신형 코로나바이러스 위기가 글로벌 에너지 수요와 CO_2 배출에 미치는 영향(The impacts of the Covid-19 crisis on global energy demand and CO_2 emissions)」(이하 'IEA 보고서')을 통해 코로나19의 영향을 받은 2020년 제1사분기 세계 에너지 수요 동향과 2020년 연간 수요 예측을 발표했다.

　'IEA 보고서'에 따르면 2020년 제1사분기의 세계 일차 에너지 수요는 코로나19의 영향으로 전년 대비 3.8% 감소한 것으로 나타났다.

　에너지별로는 석탄이 전년 대비 -8%, 천연가스 -3%, 석유 -5%, 원자력 -3%로, 화석연료와 원자력 모두 전년 대비 마이너스인 상황 속에서 재생에너지는 1.5% 증가했다(도표17).

리먼 사태
미국 대형 투자회사·증권회사인 리먼 브라더스(Lehman Brothers)가 2008년 9월에 경영 파산하면서 발생한 세계 금융·경제 위기.

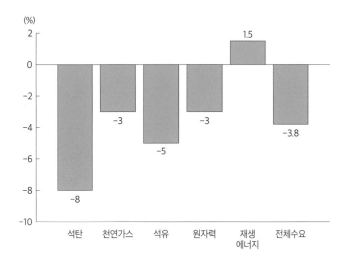

도표17　　2019년 제1사분기와 비교한 2020년 제1사분기의 에너지 수요

출처: IEA 「에너지전망 2020 _ 신형 코로나바이러스 위기가 글로벌 에너지 수요와 CO₂ 배출에 미치는 영향」을 참고해 작성

　'IEA 보고서'는 또한 2020년 연간 세계 에너지 수요 예측도 발표했는데, 에너지 수요는 2019년과 비교해 전체 6%의 수요 감소가 예상되며, 에너지 별로는 석탄이 작년 대비 -8%, 천연가스 -5%, 석유 -9%, 원자력 -2.5%로, 연간에서도 화석연료와 원자력은 전년 대비 마이너스가 될 것으로 전망했다.

　한편 재생에너지는 2020년 연간 전망 역시 1% 수요 증가가 예측되면서 코로나19 상황 속에서 가장 리질리언스(회복력)가 있는 에너지로 꼽혔다.

　'IEA 보고서'는 원자력이나 화석연료 발전 등 대규모 중앙집중형 발전에 비해 재생에너지가 설비 운영에 손이 덜 가고 운용 비용이 낮다는 점, 많은 국가가 기후변화 대책으로서 재생에너지를 우선적으로 공급하고 있다는 점 등을 들며 수요가 줄어들지는 않을 것으로 분석했다.

또한 탄갱 등 연료 채굴 현장에서 코로나19 감염이 확산되는 등 화석연료 공급망이 코로나19의 영향을 받고 있는 데 비해, 연료가 필요 없는 재생에너지는 연료 공급망의 영향을 받지 않는다는 점 역시 재생에너지의 리질리언스를 높이는 요인으로 꼽혔다.

코로나19로부터 경제 회복은 그린딜이 키워드

코로나19 상황 속에서 재생에너지가 높은 리질리언스를 보이고 있지만, 코로나19의 감염 확대는 세계 기후변화 대책의 흐름을 정체시킬 가능성이 있다.

코로나19로 타격을 입은 경제를 회복시키기 위해 서두른 나머지 기후변화 대책에 역행하는 안일한 경제 정책을 추진할 가능성이 있어 우려하고 있다.

일부 보도에 따르면 일본 정부는 코로나19 이후의 경제부흥 대책으로 고속도로 통행요금 무료화를 검토하고 있다고 한다.

고속도로 무료화를 통해 관광객 등의 움직임을 늘려서 경제 활성화를 촉진하는 것이 목적일 테지만, 가솔린차가 주류인 현 상황에서는 CO_2 배

리질리언스

리질리언스(resilience)는 '탄력'이나 '복원력', '회복력'을 의미하는 단어다. 최근에는 특히 재해 등의 상황에 유연하게 적응해 회복한다는 의미로 사용되고 있다.

출량의 증가를 피할 수 없다. 결과적으로 기후변화 대책은 후퇴하고 더 많은 환경 비용이 발생하게 된다.

이 같은 안일한 경제부흥 대책을 우려한 국제재생에너지기구(IRENA)는 2020년 4월에 공표한 보고서 「글로벌재생에너지전망(Global Renewables Outlook)」(이하 'IRENA 보고서')에서 코로나 이후의 경제부흥과 기후변화 문제 대처를 양립시키기 위해서는 에너지 전환을 촉진하는 '글로벌 그린 뉴딜(The global Green New Deal)'을 국제협력을 바탕으로 진행하는 것이 효과적이라고 지적했다.

'IRENA 보고서'에서는 2050년까지 CO_2 배출량을 70% 감축시키고 온도 상승을 2℃ 이하로 낮추는 데 드는 비용은 19조 달러이며, 그에 따라 얻어지는 이익은 50조에서 142조 달러라고 추산했다.

더욱이 재생에너지 분야에 투자하는 것은 이 분야의 일자리를 창출시켜 2050년까지 고용자 수가 현재의 4배에 달하는 4200만 명이 될 것으로 보고 있다.

재생에너지를 지렛대 삼아 코로나 이후의 경제부흥을 이끌려는 움직임은 유럽의 정책에서도 드러난다.

2020년 4월 20일 기후변화 대책과 환경 정책을 담당하는 유럽 17개국의 장관들이 모여 코로나19 상황 속에서 '유럽 그린딜'을 중심으로 경제부흥 정책을 펼쳐야 한다는 공동 성명을 발표했다.

유럽 그린딜이란 2050년에 온실가스 배출을 사실상 제로로 한다는 '기후중립'을 목표로 한 EU의 환경 정책이다.

동시에 에너지, 산업, 모빌리티, 생물 다양성, 농업 등 폭넓은 분야를 대상으로 한 유럽의 포괄적 경제성장 전략이기도 하며, 에너지는 재생에너지를 주요 분야로서 투자를 촉진해야 한다고 주장한다.

이처럼 각 국제기관과 EU는 코로나19 이후의 경제부흥을 위해서는 재생에너지 분야에 대한 투자를 확대하는 그린딜이 효과적이라는 입장이다.

미국에서도 공화당 맷 게이츠 연방하원의원이 재생에너지와 전력계통 근대화 등에 투자를 확대하는 그린 리얼딜(Green Real Deal)을 발표했다.

또한 아시아에서는 한국이 2020년 7월 14일 73조 4000억 원 규모의 '한국판 그린 뉴딜'을 발표하면서, 코로나19 이후의 세계 경제를 리드하기 위한 국가 발전 전략으로서 재생에너지를 비롯한 그린에너지 보급을 확대하겠다는 방침을 밝혔다. 그린딜은 코로나19 이후의 경제부흥을 위한 키워드가 되어가고 있다.

대통령 교체에 따른 미국의 역습

에너지 전환이라는 세계적인 흐름 속에서도 기후변화 문제에 회의적인 자세를 보인 트럼프 정권의 영향으로, 지금껏 미국은 재생에너지 보급에 소극적인 움직임을 보여 왔다.

2019년 11월에 있었던 미국 에너지부(DOE) 관계자와의 대화에서 DOE 관계자는 "기후변화 대책을 취지로 한 재생에너지 보급 프로젝트는 좀처럼 예산이 마련되지 않는다. 따라서 재생에너지 관련 프로젝트를 진행하려면 기후변화 대책이 아니라 에너지 안전보장을 그 취지로 내세워야 했다"라고 밝힌 바 있다.

하지만 이제 그 흐름은 크게 변할 것으로 보인다.

2020년 미국 대통령선거에서 민주당 바이든 후보가 트럼프 대통령을 누르고 제46대 대통령에 취임했다.

바이든 대통령은 기후변화 대책에 주력한 오바마 정부에서 '포괄적 에너지 전략(all-of-the-above energy strategy)'을 추진해왔던 인물이다.

'포괄적 에너지 전략'은 미국 국내의 모든 에너지를 최대한 활용해 환경 보전과 에너지의 해외 의존 해소, 그리고 경제 성장을 실현하는 미국판 그린딜 정책이라고도 할 수 있다.

이 정책에서 재생에너지는 미국의 유력한 에너지로서 그 보급이 강력하게 지지받고 있다. 게다가 앞서 말한 NREL의 ESIF도 이 정책의 일환으로서 설립되었다.

바이든 대통령이 펼치는 에너지 정책은 '청정에너지 혁명(Clean Energy Revolution)'이라고 불리며 2050년까지 미국의 온실가스(GHG) 순수 배출량을 사실상 '0'으로 하는 동시에 인프라 청정에너지 투자에 4년 동안 2조 달러를 투자한다고 표명했다.

또한 11월 4일에는 미국이 과거에 탈퇴했던 지구온난화 방지를 위한 국제협정인 파리협정에 재가입하며, 향후 기후변화 문제에 있어서 미국의 리더십을 보여줄 것을 밝히는 등 트럼프 정권과 정반대의 움직임을 보이고 있다.

트럼프 정권 시절 미국의 에너지 전환은 주정부나 개별 기업이 도맡아왔지만, 국가적인 규모에는 미치지 못했다.

트럼프 정권에서 잠잠했던 에너지 전환에 대한 미국의 움직임은, 바이든 정권의 탄생으로 인해 그야말로 역습이라고 할 수 있을 정도로 미국의 진짜 경쟁력을 발휘해갈 것으로 보인다.

그것은 곧 에너지 전환이라는 국제 경쟁에 미국이라는 강력한 라이벌이 본격적으로 뛰어드는 것을 의미하는 만큼 경쟁은 더욱 격화될 전망이다.

【 참고문헌 】

RE100「年次報告書」2019年12月

The World Bank Group website "World Bank Group Sets Direction for Energy Sector Investments" July 16, 2013

「AIIB、中国向け初融資　石炭のガス転換に280億円」『日本経済新聞』2017年12月11日

「ノルウェー基金、日本企業から引き揚げ」『日本経済新聞』2017年3月3日

自然エネルギー財団「石炭火力発電から撤退する世界の動きと日本」2018年5月

「石油メジャー、迫られる脱炭素、コロナでCO2減、パリ協定に現実味、原油権益買い増し裏目」『日本経済新聞』2020年6月22日

(公財)地球環境戦略研究機関(IGES)『「IPCC 1・5℃ 特別報告書」ハンドブック：背景と今後の展望』2018年

「感染終息後に高速道路無料化へ　政府検討、観光業を支援」『産経新聞』2020年3月25日

平沼光「コロナ禍が世界のエネルギー動向に及ぼす影響と日本の対応」『国際金融』一般財団法人外国為替貿易研究会、2020年9月1日

国際再生可能エネルギー機関(IRENA)『Global Renewables Outlook(国際再生可能エネルギー見通し)』2020年4月

電気事業連合会Webサイト「［米国］共和党議員から相次ぎ提案、今度は "Green Real Deal" を発表」2019年5月20日

https://www.fepc.or.jp/library/kaigai/kaigai_topics/1259301_4115.html

JETRO Webサイト「「韓国版ニューディール」構想を公表」2020年7月17日

https://www.jetro.go.jp/biznews/2020/07/13ab4b4a83978545.html

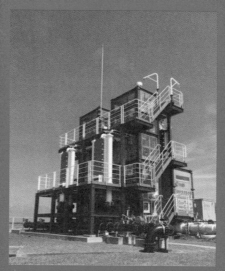

구메지마의 해양온도차 발전 실증실험기(필자 촬영)

제 5 장

에너지 전환이
만들어낸
에너지의 신조류

01

해양 자원의 활용, '청색경제'

청색경제란

에너지 전환이 가속화되면서 새로운 자원에너지도 속속 등장하고 있다. 그 가운데 주목받고 있는 것이 청색경제(Blue Economy)다.

청색경제란 해양 보전과 해양 자원의 이용을 양립시켜 사회 전체를 지속 가능하게 발전시키는 경제 활동을 의미한다.

청색경제의 취지는 유엔의 '지속가능한 개발 목표(SDGs: Sustainable

SDGs

Sustainable Development Goals(지속가능한 개발 목표)의 약자로 2015년 유엔 총회에서 2030년까지 세계가 달성할 목표로서 만장일치로 채택되었다.

'단 한 사람도 소외되지 않는 것'을 기본방침으로 하며 '모두를 위한 에너지 보장', '지속가능한 소비와 생산', '기후변화 대응', '해양생태계 보존' 등 17개의 목표로 이루어져 있다.

Development Goals)' 가운데 목표14 '지속가능한 발전을 위한 대양, 바다, 해양 자원의 보전과 지속가능한 이용'에 합치한다.

2018년 11월에는 유엔환경계획(UNEP)이 케냐 나이로비에서 청색경제에 관한 첫 국제 회합을 개최했고, 여기에 전 세계에서 4000명이 넘는 인원이 참가했다.

청색경제에 수산업이나 해운업 같은 전통적인 해양 경제 활동만 해당되는 것은 아니다. 해양 재생에너지나 해저 광물 자원도 새로운 경제 활동으로서 주목받고 있다.

해양 재생에너지는 해상풍력 발전이나 조력 발전, 해양온도차 발전 등 그 종류가 다양한데, 나이로비 회합에서는 해양 재생에너지의 개발이 아직 시작 단계에 있으며 향후 세계 에너지 수요의 최대 400%를 공급할 가능성이 있다고 전망했다.

도표18 SDGs 17개 목표

출처: 한국 통계청 홈페이지 https://kostat-sdg-kor.github.io/sdg-indicators/goals/

세계 에너지 수요의 최대 400%를 공급한다니 그야말로 '만물의 근원, 바다'라고 불릴 만하다.

그린딜에서도 주목받는 해상풍력 발전

청색경제가 부상하면서 해양 재생에너지가 주목받고 있는데, 그중에서도 기대가 높아지고 있는 것이 해상풍력 발전이다.

육상풍력 발전은 이미 설치 부지가 포화 상태에 접어들었지만, 아직 개발 단계인 해상풍력 발전은 그 잠재력이 크다. 그런 이유로 유럽 그린딜 전략에서도 해상풍력 발전은 중요한 에너지로 꼽힌다.

해상은 바람을 막는 장해물이 없고, 풍력 발전에 적합한 초속 7m 이상의 바람이 안정적으로 분다.

일반적인 육상풍력 발전의 설비 가동률이 발전용량의 20~30%인 데 비해 해상에서는 경우에 따라 50%가 넘는 이용률을 기대할 수 있다.

게다가 토지 제약이 적은 만큼 대형 풍차를 도입하기 쉬우므로 대규모 사업 개발이 가능하다.

EU에서는 기온 상승을 1.5℃ 미만으로 낮추려면 2050년까지 유럽 지역 내에서 최대 450GW의 해상풍력 발전의 신규 도입이 필요하다고 추정하고 있다.

세부적으로 살펴보면 북해 212GW, 대서양(아일랜드해 포함) 85GW, 발트해 83GW, 지중해와 기타 남유럽해역 70GW다.

2018년 세계 해상풍력 발전 신규 도입량이 약 23GW라는 점을 생각하면 450GW는 약 20배나 되는 방대한 양이다.

또한 2050년에는 총 전력 수요의 30%를 해상풍력 발전으로 공급할 수 있을 만큼 보급이 확대될 것으로 전망하고 있다. 그 비용도, 유럽의 풍력 발전 업계 단체인 윈드유럽(Wind Europe)에 따르면 2050년까지 50유로/MWh 미만으로 낮아져 다른 전원과 비교해도 경쟁력을 가질 수 있을 것으로 보고 있다.

해상풍력 발전은 세계 각국에서 도입되고 있으며, 미국은 2025년에 9~14GW, 2030년에는 20~30GW로 확대해나갈 방침이다.

이처럼 해상풍력 발전은 청색경제와 그린딜 양쪽 모두에서 기대를 모으고 있다.

해상풍력은 '고정식'에서 '부유식'으로

현재 해상풍력 발전은 수심 10~30m 정도 되는 얕은 바다의 해저에 기초를 설치하고 그 위에 풍차를 세우는 '고정식 해상풍력 발전'이 주를 이루고 있다.

고정식 해상풍력 발전은 수심이 얕은 바다라면 기존의 기술로 비교적 쉽게 설치할 수 있기 때문에 유럽을 중심으로 보급이 확대되어왔다.

세계풍력에너지협회(GWEC)에 따르면 2017년 해상풍력 발전 설비의 누적 도입량 상위 5개 국가는 영국 6836MW(점유율 36%), 독일 5355MW(점유율 28%), 중국 2788MW(점유율 15%), 덴마크 1271MW(점유율 7%), 네덜란드 1118MW(점유율 6%)이며 이러한 국가에 설치된 해상풍력 발전은 대부분

수심이 얕은 바다에 설치된 고정식 해상풍력 발전이다.

고정식 해상풍력 발전은 설치가 쉬운 만큼 보급률이 높지만, 수심 50m 이상 되는 바다에는 해저에 기초를 쌓기가 어려웠다.

하지만 세계 해상풍력 자원의 잠재력은 80% 이상이 고정식 풍차를 세울 수 없는 수심 60m 이상 되는 바다에 있다고 알려져 있는 만큼 해상풍력 발전을 더욱 많이 보급하기 위해서는 어떻게든 수심이 깊은 바다에 나가야 한다는 과제가 남아 있었다.

이러한 과제는 끊임없는 기술혁신 덕분에 점차 극복되어가고 있다.

수심이 깊은 바다에서도 발전이 가능한 '부유식 해상풍력 발전'이 개발되었고 실제로 본격적으로 구현하는 단계에 와 있다.

도표19   부유식 해상풍력 발전의 부유체 구조

출처: '해상의 풍차로 전력을 만든다. 부유식 해상풍력 발전-내일의 에너지(3)', 『일본경제신문 전자판』 2012년 1월 6일자

부유식 해상풍력 발전은 해저에 기초를 세우는 것이 아니라 해상에 풍차를 띄워서 발전을 한다.

거대한 풍차를 해상에 띄운다는 것을 상상하기 어려울지 모르지만, 낚시에 사용하는 부표나 호수에 떠 있는 부두를 상상하면 이해하기 쉽다.

풍차를 띄우는 방식에는 여러 가지가 있다. 낚시에 사용하는 부표처럼 부력을 이용해 풍차를 해상에 세우는 '원주부표(Spar-buoy)' 방식이나 풍차 하부에 부력이 있는 탱크를 설치하고 그 탱크에 케이블을 연결해 바닷속으로 끌어당긴 후 해저에 고정해 부력과 장력의 균형을 맞추어 해상에 띄우는 '인장각 플랫폼(TLP: Tension Leg Platform)' 방식이 있다. 그리고 바다 위에 거룻배를 띄우고 그 위에 풍차를 세우는 '반잠수식(Semi-submersible)' 방식도 있다(도표19).

부유식 해상풍력 발전의 주도권은 누구 손에

부유식 해상풍력 발전의 개발과 실용에 한발 앞서 영향력을 발휘한 것이 앞서 소개한 북유럽 최대 규모의 석유·가스기업인 에퀴노르다.

에퀴노르는 2009년부터 노르웨이 카르모이 섬 인근 10km 해역에 '하이윈드(Hywind) 프로젝트'라는 세계 첫 2.3MW급 부유식 해상풍력 발전의 실증연구를 독일 기업 지멘스, 프랑스에 본사를 둔 세계적인 해양플랜트 설계업체인 테크닙(Technip) 등과 공동으로 진행했다.

하이윈드 프로젝트에서 채용된 부유식 해상풍력 발전 방식은 원주부표식으로 2011년에 발전 누계 10GW, 가동률 약 50%를 달성했다.

실증연구의 성과를 바탕으로 2017년 10월 18일 재생에너지·스마트 시티 사업을 하는 아랍에미리트 아부다비의 마스다르(Masdar)와 사업제휴를 맺고, 스코틀랜드 연안 25km 지점에 원주부표형 부유식 해상풍력 발전기 5기를 설치한 '하이윈드 스코틀랜드(Hywind Scotland)'를 완공해 인근 지역에 전력을 공급하기 시작했다.

이것은 세계 최초의 대규모 부유식 해상풍력 발전이다.

'하이윈드 스코틀랜드' 1기당 출력은 6MW인데, 5기에서 최대 30MW의 출력이 가능하다. 이것은 영국 2만여 세대에 전력을 공급할 수 있는 규모다.

2017년 11월부터 2018년 1월까지 3개월 동안 '하이윈드 스코틀랜드'의 설비 가동률은 약 65%라는 좋은 성적을 기록했고 이는 발전 전력량으로 계산하면 3개월 동안 약 42GWh의 전력을 발전한 셈이 된다.

풍력 발전, 특히 해상풍력 발전은 태풍에 약할 것이라고 생각하는 사람이 많다.

하지만 '하이윈드 스코틀랜드'는 2017년 10월 허리케인 '오필리아'(시속 125km), 2017년 12월 허리케인 '캐롤라인'(시속 160km)이라는 두 번의 대형 허리케인을 견뎌냈다.

에퀴노르와 마스다르는 부유식 해상풍력 발전의 전력 비용을 2030년까지 0.04~0.06유로/kWh로 낮추어 가격 경쟁력을 높이기 위해 노력하고 있는 만큼 비용 면에서도 향후 기대가 크다.

부유식 해상풍력 발전을 실용화하려는 움직임은 이뿐만이 아니다. 유럽 대형 에너지 기업 EDP, 미국의 해상풍력 발전 개발 회사 프린시플파워

(Principle Power) 등이 협력해 포르투갈 앞바다에 부유식 해상풍력 발전 프로젝트 '윈드플로트 애틀란틱(WindFloat Atlantic)'(8.4MW×3기=25MW)을 세우는 등 세계적으로 부유식 해상풍력 발전을 실용화하려는 움직임이 활발하다.

북유럽의 국제석유자본인 에퀴노르는 석유 비즈니스와 일선을 긋는 부유식 해상풍력 발전이라는 새로운 영역을 개척했다.

이것은 에퀴노르가 에너지 전환이라는 흐름 속에서 살아남기 위해 던진 생존을 건 승부수라고도 할 수 있다.

청색경제로서 주목받으며 재생에너지 가운데 가장 큰 잠재력을 지닌 부유식 해상풍력 발전의 주도권은 과연 누가 잡을 것인가? 그 쟁탈전은 더욱 격렬해질 것으로 보인다.

해수가 자원이 되는 해양온도차 발전

청색경제에서는 태양광이나 풍력과 마찬가지로 광활한 바다의 해수 역시 자원이 된다.

해수를 자원으로 하는 발전, 그것은 해양온도차 발전(OTEC: Ocean Thermal Energy Conversion)이다.

아직 널리 알려지지 않은 해양온도차 발전은 해수의 온도차를 이용해 발전하는 새로운 재생에너지다.

해면 가까이에 있는 표층수는 태양열로 데워지기 때문에 수온이 따뜻하며, 저위도 지방에서는 약 26~30℃ 정도로 유지된다. 반면 수심

600~1000m에 존재하는 해양심층수는 약 1~2℃로 차갑다.

해양온도차 발전은 이러한 해면의 따뜻한 표층수와 심해의 차가운 해양심층수의 온도차를 이용해 발전한다.

해양온도차 발전 시스템은 증발기, 터빈, 발전기, 응축기, 펌프로 구성되며 각 기기는 파이프로 연결되어 있다. 그리고 매체로서 끓는점이 낮은 암모니아 등을 파이프 안에서 순환시킨다.

끓는점이 -33℃인 암모니아를 증발기에 넣으면 표층수 때문에 데워지면서 증기가 된다. 증기가 된 암모니아는 파이프를 따라 발전용 터빈을 돌려 발전을 일으킨다.

발전 후 기체 상태의 암모니아는 응축기로 보내지고 심해에서 펌프로 끌어올린 차가운 해양심층수 때문에 식혀져 액체 암모니아로 돌아간다. 액체로 돌아간 암모니아는 다시 증발기로 보내지고 또다시 증기가 되어 발전용 터빈을 돌린다. 이러한 과정을 반복하면서 발전을 일으키는 것이다(도표20).

태양광 발전이나 풍력 발전은 밤낮의 차나 기후 등에 따라 발전량이 좌우되지만, 해양온도차 발전에는 그런 변동성이 없다.

계절 변동이 예측 가능하며 일 년 내내 안정적으로 발전을 할 수 있기 때문에 기존의 화석연료 발전처럼 기저 전원으로서 사용할 수 있다.

게다가 화석연료 발전은 CO_2 배출과 연료를 해외에 의존한다는 문제를 안고 있지만, 해양온도차 발전은 CO_2를 배출하지 않는데다가 아무리 많은 해수를 사용해도 비용이 들지 않는다는 장점이 있다.

그뿐만 아니라 청색경제로서 지속가능한 사회를 구축한다는 점에서 다

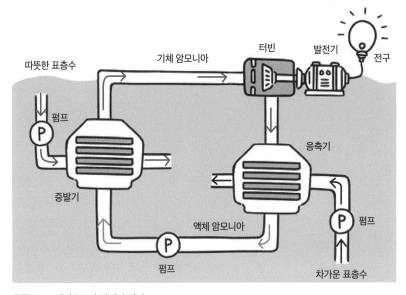

따뜻한 표층수　　기체 암모니아　　터빈　　발전기　　전구

펌프

증발기

응축기

액체 암모니아

펌프

펌프

차가운 표층수

도표20　　해양온도차 발전의 원리

출처: 일본 사가대학 해양에너지연구센터 자료를 참고해 작성

른 재생에너지에서 볼 수 없는 특징을 갖는다.

　　오키나와현 구메지마에서는 2000년부터 해양심층수를 이용해 왔는데, 그 취수량은 일본 최대 규모인 하루 1만 4000t에 이른다.

　　해양심층수는 사계절 내내 차가운 수온을 유지하며 병원균이나 바이러스가 검출되지 않을 정도로 청정하다.

　　이 같은 해양심층수의 특징을 이용해 구메지마에서는 해조류인 우미부도의 육상 양식, 보리새우 종묘 양식, 화장품이나 음료수 등을 생산한다. 2010년도 구메지마의 해양심층수 관련 생산액은 20억 엔에 이른다.

　　해양심층수 이용이 활성화된 구메지마에서는 2013년부터 해양온도차 발전의 실증연구가 진행되고 있다.

구메지마의 해양온도차 발전 설비용량은 100kW이지만, 향후 10배 규모인 1000kW(1MW)로 확대해나갈 방침이다.

해양온도차 발전 규모의 확대는 발전량 증대뿐만이 아니라 해양심층수의 취수량을 늘리고 발전 후 해양심층수를 2차 이용함으로써 해양심층수 관련 산업을 활성화하려는 목적도 있다.

즉, 해양온도차 발전으로 각종 산업에 전력을 공급하는 것은 물론, 복합적인 해양심층수 활용을 통해 지역 진흥과 활성화에 기여하는 '구메지마 모델' 구축에 힘쓰고 있다.

구메지마는 이 같은 모델을 구축해 해양심층수를 이용한 발전이나 해산물 양식 등으로 경제효과 80억 엔, 고용자 수 1000명 규모의 산업으로 성장시키는 것을 목표로 하고 있다.

이처럼 전력 공급뿐만이 아니라 해양심층수의 2차 이용으로 지역 경제에 선순환을 일으키고 지속가능한 지역사회 구축에 공헌하는 해양온도차 발전은 다른 재생에너지에는 없는 청색경제로서의 특징을 갖는다고 할 수 있다.

해양온도차 발전을 추진하는 세계 각국

IEA의 조직인 OES(Ocean Energy Systems)에 따르면 세계 해양온도차에너지의 연간 발전 잠재량은 1만TWh로 추정된다.

일본 신에너지·산업기술종합개발기구(NEDO)의 「2010년도 성과보고서

- 해양에너지 가능성 파악에 관한 업무」(2011년 3월)에서는 해양온도차 발전 설비의 설치에 있어서 지리적 조건, 그리고 발전 장치의 발전 효율과 설비 이용률을 고려한 일본 해양온도차 발전의 연간 총 발전량을 47TWh로 예측했다.

또한 일본의 배타적 경제 수역(EEZ) 내에서 인근 바다에 부유식으로 해양온도차 발전을 설치하는 것을 상정한 경우, 연간 발전 잠재량이 1368TWh나 된다고 보고했다. 해양온도차 발전을 부유식으로 설치하는 것도 방법이 될 수 있다는 이야기다.

일본의 연간 총 발전량은 약 1000TWh 정도다. 숫자상으로 보면 해양온도차 발전 하나로 연간 총 발전량에 버금가는 발전 규모가 되는 셈이다.

일본은 사방이 바다로 둘러싸여 있으며 그 면적은 세계에서 여섯 번째로 넓다. 일본은 육지 면적은 좁지만, 육지를 둘러싼 광대한 바다에 해양에너지라는 커다란 가능성이 잠들어 있다.

이처럼 높은 잠재력을 갖는 해양온도차 발전을 개발, 실용화하기 위해 일본뿐만 아니라 세계 각국이 노력하고 있다.

한국, 프랑스, 네덜란드, 미국, 멕시코, 인도, 말레이시아 등에서도 개발이 진행되고 있으며, 2019년 9월 30일에는 한국 선박해양플랜트연구소(KRISO)가 한국 해상에서 실시한 해양온도차 발전 실증연구에서 세계 최고 기록인 338kW를 발전했다고 보고했다.

해양온도차 발전은 아직 개발 단계에 있는 에너지지만 그 높은 잠재력과 기상 조건에 좌우되지 않는다는 장점을 바탕으로, 지속적인 발전을 촉진하는 에너지로 세계 각국에서 보급이 확대될 전망이다.

다양한 해양에너지

바다로 둘러싸인 곳에서는 해상풍력 발전이나 해양온도차 발전, 그 외에도 파력 발전, 해류 발전, 조류 발전, 조석 발전 등 다양한 해양에너지를 실용화할 가능성이 무궁무진하다.

파력 발전은 말 그대로 파도의 힘을 이용해 터빈을 회전시켜 발전을 일으키는 것이다. 해류 발전은 태양열과 편서풍 등 바람 때문에 생겨나는 조류 가운데 특히 지구의 자전과 지형의 영향으로 거의 일정한 방향으로 흐르는 쿠로시오해류 등의 강한 해류의 힘을 이용한 발전이다. 조류 발전은 달과 태양의 인력으로 인해 일어나는 조석 현상에 따라 해수가 수평방향으로 움직이는 힘을 이용하는 발전이다. 조석 발전은 조

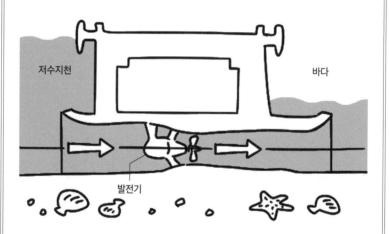

도표21　　조석 발전 시스템

출처: NEDO의 「NEDO 재생에너지기술백서(제2판)」를 참고해 작성

석 간만의 차로 발생하는 해수면의 높이차를 이용해 터빈을 돌려 발전하는 방식이다.

각 발전장치의 발전 효율이나 설비 이용률, 그리고 지리적 조건을 고려해 발전장치를 해상 혹은 육상에 부설한 경우 얻을 수 있는 연간 발전 잠재량(kWh)은 파력 발전 19TWh, 해류 발전 10TWh, 조류 발전 6TWh, 조석 발전 0.38TWh이다. 이처럼 일본에는 바다에너지의 다양한 가능성이 잠재되어 있다.

【 참고문헌 】

笹川平和財団Webサイト「ブルーエコノミーで環境・経済・社会のサステナブルな発展を／渡邉敦主任研究員(笹川平和財団海洋政策研究所)インタビュー」2019年11月11日 https://www.spf.org/publications/spfnow/0067.html
The Sustainable Blue Economy Conference Website
http://www.blueeconomyconference.go.ke/
EU Website "Onshore and offshore wind"
https://ec.europa.eu/energy/topics/renewable-energy/onshore-and-offshore-wind_en
REN21 "Renewables 2019 Global Status Report" 2019年6月
一般社団法人 日本風力発電協会「洋上風力の主力電源化を目指して」経済産業省 洋上風力の産業競争力強化に向けた官民協議会 第1回会合資料、2020年7月17日
「U.S. Offshore Wind Power Economic Impact Assessment」by AWEA(March, 2020)
Global Wind Energy Council(GWEC) "Global Wind Report 2017"
Principle power Website "The first floating wind farm in continental Europe is now fully operational" 27 July 2020
https://www.principlepowerinc.com/en/news-press/press-archive/2020/07/27/the-first-floating-wind-farm-in-continental-europe-is-now-fully-operational
池上康之「海洋温度差発電の実証研究に関する国内外の動向－安定的な再生可能エネルギーを求めて」『日本マリンエンジニアリング学会誌』第47巻、第4号、2012年
日本学術会議「再生可能エネルギー利用の長期展望」東日本大震災復興支援委員会 エネルギー供給問題検討分科会、2017年9月26日

02

에너지 시스템의 일부가 된 자동차

IoE 구축에 없어서는 안 될 전기자동차

에너지 전환이라는 흐름에 따라 전 세계적으로 재생에너지 보급이 확대되고 있다. 하지만 앞서 말했듯 재생에너지는 기후에 따라 발전이 좌우되는 변동전원이다.

그런 이유로 재생에너지 보급에는 제4장에서 언급한 에너지인터넷(IoE)을 도입해 전력 수급을 제어할 필요가 있다. 그런 IoE를 구축하는 중요한 디바이스가 바로 축전지다.

일조나 바람 등 기후 조건이 좋아서 태양광이나 풍력 발전이 수요를 웃도는 전력을 생산하면 전력계통에 흐르는 전력이 공급 과다로 마비되고 만다. 반대로 기후 조건이 나빠서 태양광이나 풍력 발전량이 줄어들면 전력 공급이 부족해진다.

이러한 사태를 방지하기 위해서는 전력이 남으면 축전하고 전력이 부족해지면 방전해 부족한 전력을 보충하는 축전지가 필요하다.

거치식 대형 축전지를 전력계통에 설치해 재생에너지 발전의 수급을 제어하는 방법도 있겠지만 수급 제어만을 위해 대형 축전지를 도입하기에는 비용 부담이 너무 크다.

그래서 주목받고 있는 것이 고성능 배터리를 탑재한 전기자동차(EV)다.

EV를 전력계통에 연결해 재생에너지의 잉여전력을 EV 배터리에 저장했다가 필요할 때 EV에서 방전해 활용하는 V2G(Vehicle to Grid)가 실용화되기 시작했다.

2018년 말 기준 세계 자동차 보유 대수는 약 14억 대지만, 모든 자동차가 상시 주행하고 있는 것은 아니다. 자동차 한 대의 가동 상황을 살펴보면 하루 중 약 90%는 정차 상태고 주행 상태는 잠시뿐이다.

그렇다면 정차 중인 EV의 배터리를 전력계통용으로 공유해 활용하는 것은 비용적인 면에서도 유효하다고 할 수 있다.

정차 중인 전기자동차는 전력계통과 연결된 충전 설비에 접속되어 있기 때문에 충전 설비를 통해 재생에너지 전력을 EV의 배터리에 저장하거나 EV에서 전력계통에 송전하는 것이 가능하다.

전 세계 부문별 CO_2 배출량은 운송부문이 약 20%로 전력부문에 이어 두 번째로 큰 비중을 차지한다. 세계적으로 운송부문에서 CO_2 배출량을 감축시키기 위해 EV나 플러그인 하이브리드차(PHV) 등 무공해 차량의 보급이 추진되고 있다.

2017년 6월에는 미국, 유럽, 중국, 인도를 포함한 25개 주요국·지역의 각

료들이 한데 모여 개최한 청정에너지장관회의(CEM)에서 2030년까지 모든 자동차(버스, 트럭 포함)를 대상으로 EV 판매 점유율을 30%까지 높이는 것을 목표로 하는 이니셔티브 'EV30@30 캠페인'을 발표했다.

또한 유럽에서는 2030년까지 승용차의 CO_2 배출량을 2021년 대비 37.5% 감축하는 규제가 2019년 3월 결정되었다. EV를 비롯한 무공해 차량의 보급은 확대될 전망이다.

재생에너지 보급이 아직 초기 단계에 있고 EV의 보급 역시 더딘 일본에서 V2G는 아직 먼 미래의 이야기라고 생각될지 모른다. 그러나 2016년 8월 덴마크에서 일본의 닛산자동차와 이탈리아의 전력회사 에넬(Enel), 그

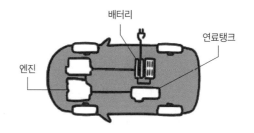

PHV
가솔린을 연료로 구동하는 가솔린 엔진과 축전지(배터리) 전기로 구동하는 모터를 모두 탑재해 주행.

배터리 / 연료탱크 / 엔진

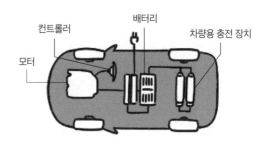

EV
가솔린 엔진은 탑재하지 않고 축전지(배터리) 전기로 구동하는 모터만으로 주행.

컨트롤러 / 배터리 / 차량용 충전 장치 / 모터

도표22   PHV와 EV의 구조 차이
출처: 일본 경제산업성 홈페이지 'EV·PHV 정보 플랫폼'(일부 가필)을 참고해 작성

리고 미국의 벤처기업 누비(Nuvve Corporation)의 협력으로 세계 첫 V2G의 상업 운전을 개시했다.

그리고 2018년 3월 6일 스위스 제네바에서 개최된 제네바 모터쇼에서 닛산자동차는 자사의 선진 기술 전략인 '닛산 인텔리전트 모빌리티'의 일환으로 독일의 전력회사 에온과 전략적 파트너십을 맺는다고 발표했다.

제4장에서 말했듯 에온은 에너지 전환에 따른 에너지 판도 변화에 대응하기 위해 낡은 비즈니스 모델에서 벗어나고자 노력하고 있는 대형 전력회사다.

향후 두 회사는 자동차와 전력 인프라를 잇는 V2G 서비스와 재생에너지, 축전 솔루션에 관한 다양한 노력을 협력해 추진한다고 밝혔다.

닛산 유럽의 폴 윌콕스 회장은 에온과 전략적 파트너십 제휴를 맺으면서 "EV를 소유한 고객에게 무료로 전기를 제공하는 것이 궁극의 목표다. 에너지 서비스 비즈니스에 있어서 자동차 제조업체로서의 파트너가 될 것"이라는 취지의 코멘트를 남겼다.

V2G 기술로 전력계통에 연결된 EV의 중요한 역할은 재생에너지 발전에서 잉여전력이 발생했을 때 전력계통이 마비되지 않도록 EV의 배터리에 전력을 저장해 수급을 안정시키는 일이다.

재생에너지의 잉여전력은 남는 전력, 말하자면 버려지는 전력으로 그 가격은 사실상 제로다. 애초에 재생에너지는 한계비용이 제로이기도 하다.

결국 자동차 제조사들의 목적은 V2G 기술로 EV를 에너지 시스템의 일부로 편입시켜 사실상 무료인 잉여전력을 EV의 에너지로 활용하려는 것이다.

일본에서 추진되고 있는 V2G 실증실험

일본은 재생에너지 보급의 초기 단계에 있지만, 그와 상관없이 에너지 전환의 파도는 밀려오고 있다. 이에 대처할 필요성을 느낀 자동차 제조사나 전력회사가 V2G 실증실험에 나섰다.

2017년 12월에 도쿄전력과 닛산자동차는 재생에너지의 공급을 안정화시키기 위해 전력계통에서 발생한 잉여전력을 EV에 저장하는 실증실험을 시작했다.

이 실험은 기상 관측을 바탕으로 태양광 등 재생에너지 발전량을 예측하고, 전력계통에 잉여전력이 발생하는 시간대를 EV 유저의 스마트폰으로 전달하는 시스템을 구축하는 것이다.

정보를 전달받은 EV 유저가 잉여전력이 발생하는 시간대에 자신의 차량을 충전 시설에 연결하면, 인터넷 쇼핑에 사용할 수 있는 포인트를 지급받는다. 이 실험에는 EV를 소유하고 있는 닛산과 도쿄전력 사원 총 45명이 참가했다.

도쿄전력과 닛산자동차는 실증실험을 통해 향후 전력 축전에 협력해줄 EV 유저를 획득하는 데 필요한 조건이나 잉여전력 충전 시간대에 관한 데이터 등을 수집하고 있다.

이외에도 미쓰비시자동차와 도쿄전력을 중심으로 한 그룹이나 도요타통상과 주부전력이 협력한 V2G 실증실험이 진행 중이다. 에너지 전환이 가져온 새로운 조류로서 EV를 이용한 잉여전력 공급 시스템과 비즈니스 모델의 구축은 나날이 발전하고 있다.

EV 급속충전기의 국제표준화 경쟁과 중일동맹

V2G는 자동차에 단순히 이동 수단이 아니라 에너지 시스템의 일부라는 새로운 역할을 부여하는 것이다.

이것은 다임러와 벤츠가 가솔린 자동차를 개발한 이래 가장 큰 자동차의 변혁이라고 할 수 있으며 V2G를 장악하는 자는 자동차와 에너지 모두에서 우위성을 획득하게 된다.

그로 인해 각국 간의 국제 경쟁, 특히 WTO의 TBT협정(무역에의 기술적 장벽에 관한 협정) 등이 생겨나면서 자국의 기술을 국제표준화하는 것이 국제 시장을 획득하는 데 중요해진 만큼 V2G의 주요 기술인 EV 급속충전기의 국제표준화를 둘러싸고 경쟁이 펼쳐지고 있다.

EV 급속충전기의 국제표준화에서 가장 먼저 존재감을 드러낸 것은 일본이다.

일본은 세계 최초의 양산형 EV인 닛산자동차 리프를 2010년 시장에 투입하는 등 EV 보급을 확대했다. 같은 해 3월에는 도요타자동차, 닛산자동차, 미쓰비시자동차, 후지중공업, 도쿄전력 5개사가 주축이 되어 V2G의 주요 기술인 EV 급속충전기의 국제표준화를 추진하는 차데모(CHAdeMO)협의회를 설립하고 일본의 급속충전방식인 차데모의 국제표준화 작업에 착수했다.

차데모 급속충전기는 세계에서 유일하게 실용기술로서 유럽을 중심으로 보급이 확대되었고 2012년 1월에 누적 설치 대수 1000대를 달성했다.

세계 각국은 이러한 일본의 움직임을 가만히 지켜보고 있지 않았다.

미국과 유럽은 콤보(CCS: Combined Charging System)라는 급속충전기를

개발하고 2013년 유럽에서, 미국에서는 2014년에 첫 호기를 설치했다. 중국도 2013년에 GB/T라는 급속충전기를 설치하며 일본에 대항하는 움직임을 보였다.

일본의 차데모는 DC 급속충전전용 커넥터로, 차량과 충전기의 통신방식(프로토콜)은 CAN(Controller Area Network)을 사용한다.

한편 구미의 콤보는 DC 급속충전과 AC 보통충전을 겸용하는 커넥터로, 통신방식은 PLC(Power Line Communications)를 사용하기 때문에 커넥터의 모양, 통신방식 모두 차데모와 호환되지 않는다.

중국의 GB/T는 DC 급속충전전용 커넥터에 통신방식은 CAN을 사용한다는 점에서 차데모와 비슷하지만, 커넥터의 핀 배치 등이 달랐기 때문에 중국의 독자적인 기술로 인정받았다.

각국은 이와 같은 자국의 규격을 가지고 국제전기기술위원회(IEC), SAE(Society of Automotive Engineers) 등 국제표준화 무대에서 다른 규격을

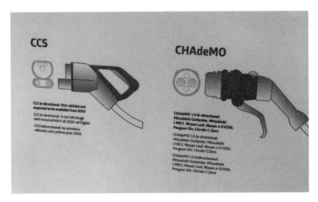

콤보(CCS)와 차데모(CHAdeMO) 커넥터의 차이(필자 촬영)

밀어내려고 온갖 수단과 방법을 가리지 않고 경쟁을 펼쳤다.

어느 표준화기관의 국제회의에서는 일본의 차데모를 일부러 주제에서 빼버리는 일도 있었다고 한다.

일본은 이러한 국제표준화 교섭에서 밀리는 일이 많았기 때문에 유럽 차데모를 설립해 차데모를 국제적으로 널리 알리고 이용자를 늘려서 발언력을 높였다.

또한 콤보가 V2G에 대한 대응과 실용화라는 점에서 크게 뒤처져 있던데 반해, 차데모는 착실하게 보급을 확대해 존재감을 발휘했다.

그 결과 2014년 3월에 차데모는 IEC의 국제표준화를 거머쥐었다.

국제표준이 된 차데모는 충전소가 3만 2300개(2020년 9월 시점)로 늘어났고 세계에서 충전 거점이 가장 많은 급속충전 규격으로 성장했다.

차데모의 국제적인 확산은 이에 그치지 않았다.

2018년 8월 차데모협의회는 중국전력기업연합회와 공동으로 전동차량의 초급속충전 규격을 개발한다고 발표했다.

현재 차데모 규격은 최대 출력 400kW인데, 대형차나 산업용 시장 니즈에 대응하기 위해서는 출력을 높일 필요가 있다.

중국도 향후 고출력화를 목표로 하고 있는 만큼 초고출력 충전 규격의 개발을 위해 일본과 공동으로 연구·개발에 나서기로 합의했다.

V2G 실용화를 선도하는 차데모의 급속충전기(필자 촬영)

차데모의 높은 실적과 차데모가 중국 GB/T와 같은 프로토콜을 사용하고 있다는 점 등이 긍정적으로 작용해 중국과 일본은 합의에 이르게 된 것이다.

두 나라가 공동 개발하는 차세대 초고출력 충전 규격은 중국어로 '초특급'을 의미하는 차오지(ChaoJi)라고 이름 붙였으며, 공동 개발을 발표한 지 2년이 지난 2020년 4월에 최대 출력 500kW의 초고출력 규격 차데모 3.0(일본명)이 발행되었다.

차데모협의회에 따르면 중국에서의 규격 발행도 2021년 안에 완료할 예정으로, 신규격을 기본으로 장착한 EV의 시장 투입은 대형차량을 시작으로 이르면 2021년에 가능하게 할 계획이다.

EV 도입 세계 1위인 중국이 V2G의 핵심 기술인 EV 급속충전에 있어서 일본과 협력해 초고출력 충전 규격을 구축하는 것은 시장에 미치는 파급력이 클 수밖에 없다.

V2G는 EV와 전력계통을 연결하는 것이지만 이와 마찬가지로 단독주택, 교통시스템 등 다양한 인프라나 시스템을 EV와 연결하면 새로운 서비스를 제공할 수 있다.

이것은 V2X(Vehicle to X)라고 불리며, 앞으로 EV를 에너지와 정보의 핵심 디바이스로서 활용하려는 움직임이 활발해진다는 점에서 각국 간의 경쟁에 이목이 쏠리고 있다.

치열한 배터리 경쟁

중국과 일본은 EV 급속충전 규격의 구축에 협력하고 있지만, EV에 탑재되는 리튬이온 배터리에 대해서는 경쟁 관계다.

리튬 배터리는 IoE나 EV, 스마트 하우스, 스마트 빌딩 등 재생에너지의 활용이나 에너지 절약·고효율화에 사용되는데, 이를 개발한 사람은 2019년 노벨 화학상을 받은 요시노 아키라 박사다.

에너지 전환을 위한 고도의 에너지 수급 시스템을 구축하는 데 중요한 역할을 한 리튬이온 배터리는 2008년 시점에 일본이 세계 점유율 약 44%를 차지할 정도로 두각을 나타내고 있었다.

하지만 EV용 리튬이온 배터리 부문에서 일본을 위협하는 존재가 나타났다. 중국의 배터리 제조업체인 닝더스다이(CATL: Contemporary Amperex Technology)가 2017년 차량용 리튬이온 배터리 출하량 12GWh를 기록하며 줄곧 1위를 지켜오던 일본의 파나소닉을 밀어낸 것이다.

파나소닉의 2017년 출하량은 10GWh로, 2GWh 차이로 CATL에 1위 자리를 내주고 말았다.

앞서 말했듯 IoE의 구축에 따라 EV는 자동차의 역할뿐만 아니라 전력계통의 일부로서 재생에너지를 축전·방전하고 수급 균형을 맞추는 중요한 역할을 맡게 된다.

따라서 EV에 탑재된 배터리는 전력계통의 중요한 구성 요소이며, 차량용 배터리 시장을 지배하면 EV 급속충전기 규격처럼 IoE의 중요한 부분을 장악할 수 있게 된다.

CATL은 일본의 TDK가 매수한 홍콩의 배터리 제조업체인 암페렉스테크놀로지(ATL)에서 차량 배터리 부문이 독립해 2011년에 세워진 회사다. 창업한 지 수년 만에 세계 선두 자리를 차지한 배경에는 중국 정부의 강력한 지원이 있었던 것으로 추측된다.

배터리 분야에서 패권을 쥐려고 나선 것은 중국만이 아니다.

차량용 배터리 분야에서 비약적인 성장을 보이고 있는 한국의 LG화학은 2020년 제1사분기 세계 점유율에서 CATL, 파나소닉을 누르고 1위를 차지했다. 그야말로 리튬이온 배터리의 시장 쟁탈을 놓고 격전이 펼쳐지고 있다.

게다가 차세대 배터리로 주목받는 전고체 리튬 배터리도 개발되기 시작했다.

전해액을 사용하는 리튬이온 배터리의 에너지 밀도는 약 200Wh/kg 정도다.

한편 전고체 리튬이온 배터리는 전해액이 아니라 화학적 안정성과 난연성이 높은 무기화학의 고체 전해질을 사용한다. 따라서 에너지 밀도를 높여도 안전성과 내구성을 확보할 수 있기 때문에 고에너지밀도를 구현할 수

EV 차량용 리튬이온 배터리
출처: 일본 경제산업성 홈페이지 'EV·PHV 정보 플랫폼'

있다.

현재 일본의 개발 속도대로라면 2030년에는 전해액을 사용하는 리튬이온 배터리보다 에너지 밀도가 2배 높은 400Wh/kg을 달성할 수 있을 것으로 보인다.

더욱이 기존의 리튬이온 배터리를 탑재한 EV는 급속충전기를 사용해 약 80%까지 충전할 때 40분 정도가 걸리지만, 전고체 리튬이온 배터리를 탑재한 차량은 10분이 채 걸리지 않는 초급속충전이 가능해질 것으로 내다보고 있다.

고성능 전고체 리튬이온 배터리가 개발되면 전해액을 사용하는 리튬이온 배터리가 구식기술이 되고, IoE 등 에너지 시스템 자체에도 커다란 영향을 미칠 것이다. 그만큼 전고체 리튬이온 배터리의 개발 경쟁은 격화되는 양상을 보이고 있다.

현재 전고체 리튬이온 배터리의 개발 분야에서는 많은 특허를 가진 일본이 건투하고 있지만, 한국과 중국의 추격이 예상되고 있어 배터리 시장의 쟁탈전은 계속될 전망이다.

재생에너지로 만든 새로운 자원, 그린수소

재생에너지 도입이 확대될수록 잉여전력을 축전·방전하기 위한 V2G의 역할이 중요해지는 가운데, 잉여전력을 활용하는 또 하나의 방법이 있다. 전력을 수소로 전환하는 P2G(Power to Gas) 방법이다.

P2G란 중학교 화학 수업에서 진행하는 물을 전기분해해 수소(H_2)를 생

성하는 실험과 같은 원리로, 재생에너지의 잉여전력을 사용해 물을 전기분해해 수소를 생성하는 것이다.

이 기술은 제4장에서 소개했듯 19세기에 폴 라 쿠르가 풍력 발전 전기로 물을 전기분해해 수소를 제조하고 저장하는 실험을 진행했을 무렵부터 연구되어왔다.

축전지에 저장된 전기는 시간이 지날수록 소모되어 가지만 수소로 전환해두면 줄어들지 않는다. 게다가 수소가스나 액체수소 같은 형태로 운반도 가능해진다. 또 수소는 천연가스처럼 자원으로써 활용할 수 있다.

2015년 8월 독일의 전력회사 RWE는 재생에너지 발전의 수급을 제어할 목적으로, 재생에너지의 잉여전력으로 생성한 수소가스를 천연가스 파이프라인에 혼입해 이용하는 P2G 플랜트를 독일 노르트라인베스트팔렌주 입벤뷔렌에 설립하고, 상업화하기 위해 본격적인 개발에 착수한다고 발표했다.

천연가스의 주성분은 탄소원자에 수소원자가 결합한 메탄(CH_4)이다. 수소는 천연가스의 성분이기 때문에 혼입 비율을 조절하면 천연가스 파이프라인에 혼입하는 것이 가능하다.

RWE와 마찬가지로 에너지 전환에 대응을 서두르는 독일의 전력회사 에온도 독일 동부 팔켄하겐에 풍력 발전의 전력을 수소로 전환해 천연가스 파이프라인에 주입하는 파일럿 플랜트 '윈드가스 팔켄하겐(WindGas Falkenhagen)'을 건설하고 2013년 8월부터 운전을 시작했다. 이 파일럿 플랜트의 발전설비용량은 2MW이며 360m³/h 규모로 수소를 생산해 가스 파이프라인에 주입하고 있다.

P2G 개발은 미국에서도 추진되고 있다. 2015년 4월 14일 미국 에너지부 산하에서 재생에너지와 에너지 효율에 관해 연구·개발하는 국립재생에너지연구소(NREL)는 남부캘리포니아가스(SoCalGas), 국립수소연료전지연구센터(NFCRC)와 협력해 미국 첫 재생에너지를 활용한 P2G 실증실험 프로젝트를 캘리포니아주에서 시행한다고 발표했다.

유럽처럼 미국 캘리포니아주는 2030년까지 재생에너지 비중을 50%로 높이는 목표를 세운 만큼 재생에너지 발전의 잉여전력 저장은 중요한 이슈 가운데 하나다.

NREL은 이 프로젝트에 대해 '재생에너지의 이용 범위를 넓히는 동시에 재생에너지 발전의 전력 저장 비용을 낮추는 좋은 기회가 될 것'이라고 평가했다.

현재 세계에서 이용되는 수소 대부분은 천연가스를 원료로 해서 생성되며 그 제조과정에서 CO_2가 배출된다. 그래서 이 수소를 '그레이수소'라고 부른다.

한편 재생에너지로 만들어진 수소는 CO_2를 배출하지 않아 '그린수소'라고 불린다. 또한 그레이수소와 같은 원료로 수소를 제조하는 과정에서 배출되는 CO_2를 포집·저장(CCS), 활용(CCU)해 온실가스를 제거한 것을 블루수소라고 한다. 그린수소나 블루수소는 에너지 전환 시대의 새로운 자원으로 주목받고 있다.

'그린수소', '블루수소' 등 다양한 이름으로 불리는 친환경 수소는 아직 그 종류나 제조법에 명확한 정의가 없다.

그런 가운데 유럽공동체(EC)는 2020년 7월 8일에 재생에너지로 만들어진 수소의 활용을 추진하는 '유럽 기후중립을 위한 수소 전략(A hydrogen strategy for a climate-neutral Europe)'을 발표했다. 이 전략에서 재생에너지로 만들어진 수소를 '청정수소'라고 부르며, 그 국제표준화를 위해 힘쓸 것이라고 밝혔다.

V2G 기술에서 그랬던 것처럼 자국의 기준을 국제표준으로 인정받으면 국제 경쟁 무대에서 유리해질 수 있다. 우선 EU라는 조직을 이용해 유럽 내에서 표준을 구축하고, EU 회원국이라는 다수의 힘을 무기로 국제 교섭의 장에서 국제표준으로 격상시키는 것이 유럽의 전형적인 수법이다.

유럽공동체의 '유럽 기후중립을 위한 수소 전략' 발표는 청정수소 분야에서 우위를 차지하기 위해 유럽이 본격적으로 국제표준화 경쟁에 나선 것이라고 볼 수 있다.

청정수소로 달리는 자동차

청정수소는 천연가스에 혼합되어 사용되는 용도뿐만 아니라 차량 연료로써 사용될 가능성도 크다.

일본에서는 수소가 공기와 화학반응을 일으켜 생성한 전기로 모터를 구동시켜 달리는 연료전지차(FCV)가 주목받고 있는데, 세계에서는 FCV 이외의 차량에서도 수소가 활용되고 있다.

2014년 12월 15일 일본 도요타는 세계 첫 양산형 FCV인 '미라이'를 발매했고, 같은 해 독일 아우디는 청정수소와 이산화탄소의 화학반응으로 만들어진 천연가스를 연소시켜 달리는 천연가스 자동차 'A3 스포츠백 g-

트론'을 발매했다.

아우디는 2013년부터 독일 작센주 남부 베르테에 있는 자사의 P2G 플랜트에서 풍력 발전 잉여전력으로 물을 전기분해해 수소(H_2)를 생성하고, 그 수소를 이산화탄소(CO_2)와 화학반응시켜 천연가스의 주성분인 메탄가스(CH_4)를 제조하고 있다.

천연가스 자원이 없는 국가라도 재생에너지 전력과 이산화탄소를 이용하면 천연가스를 제조할 수 있게 된 것이다.

이처럼 수소와 이산화탄소를 이용한 메탄가스 제조를 메타네이션이라고 하며, 아우디는 자사의 P2G 플랜트에서 만든 인공 메탄가스를 아우디 e-가스(Audi e-gas)라고 부른다.

앞서 말했듯 메탄가스는 천연가스의 주성분이기 때문에 천연가스 파이프라인에 주입할 수 있다.

e-가스는 천연가스 파이프라인에 주입되어 가정에서 소비되며, 'A3 스포츠백 g-트론' 유저는 독일 전역에 설치된 압축천연가스(CNG) 충전소에서 아우디 e-가스 카드를 사용해 e-가스를 구매할 수 있다.

아우디 e-가스 카드를 사용해 e-가스를 구매하면 아우디는 카드의 구매 정보를 바탕으로 같은 양의 e-가스를 독일 국내 천연가스 공급 네트워크에 공급한다.

'A3 스포츠백 g-트론'은 e-가스를 연소시켜 달리는 천연가스 자동차이므로 주행 시 CO_2를 배출하지만, e-가스를 생산할 때 거의 같은 양의 CO_2가 소비되기 때문에 실질적으로 CO_2 배출량은 제로가 되는 만큼 탄소중립이라고 할 수 있다.

게다가 아우디의 P2G 플랜트는 전력 수급 상황에 따라 5분 이내에 6MW의 전력을 전력계통에 공급하는 테스트에 합격하면서 전력 수급 균형 시장에 참여할 수 있게 되었다.

이로써 아우디의 P2G 플랜트는 재생에너지 잉여전력 제어에도 공헌할 수 있게 되었다. 즉, 아우디 'A3 스포츠백 g-트론'이 달리면 탄소중립 천연가스의 공급과 재생에너지 발전의 수급 균형 제어라는 두 가지 효과를 일으키는 셈이다.

지금껏 자동차는 에너지를 소비하는 주체였으며, 에너지 시스템에서는 독립된 존재였다. 하지만 에너지 전환은 V2G나 P2G 같은 형태로 자동차가 에너지 시스템의 일부가 되는 에너지의 신조류를 만들어냈다.

☑ COLUMN ● ●

일본의 하이브리드 기술은 쇠퇴의 길로 접어들 것인가
−온실가스 배출량이 제로인 하이브리드차란?

환경 성능이 높은 차세대 자동차에는 전기자동차(EV), 수소연료전지차(FCV), 플러그인 하이브리드차(PHV), 하이브리드차(HV) 등이 있는데, 가솔린 엔진을 탑재하는 PHV, HV는 온실가스의 배출 규제가 강화되고 있는 세계적인 흐름 속에서 도태될 가능성이 있다.

도요타자동차는 하이브리드 기술을 개발해 프리우스라는 획기적인 하이브리드차를 선보였다. 하지만 파리협정의 목표를 생각하면 가솔린 엔진이 설 자리는 점점 좁아지고 있고, 가솔린 엔진+배터리+모터를 조합한 하이브리드 기술은 쇠퇴기를 맞고 있다는 견해도 있다.

하지만 발상을 전환하면 하이브리드 기술은 앞으로도 중요한 기술이 될 것이다. 그것은 연료전지+배터리+모터를 조합한 하이브리드, 즉 EV에 연료전지를 탑재한다는 아이디어다.

EV는 주행거리가 배터리 잔량에 좌우되기 때문에 충전소 확충이 불가피하다. 수소를 연료로 하는 FCV는 연료전지로 발전해 그 전력으로 모터를 구동시켜 주행하며, 주행거리는 가솔린차와 비슷하다고 여겨지지만, 연료로서 대량의 수소가 필요하므로 이 역시 수소스테이션이라는 인프라의 확충이 필요하다.

또한 현재 사용되고 있는 수소 대부분은 천연가스로 제조되며 제조과정에서 이산화탄소를 배출한다는 점에서, 재생에너지를 이용한 전기분해로 수소를 대량으로 제조하는 시스템 구축이 시급하다. 게다가 FCV는 연료전지의 촉매로서 값비싼 백금류가 사용되기 때문에 비용 면에서도 해결해야 할 과제가 남아 있다.

EV, FCV 모두 일장일단이 있는데, 이 둘의 좋은 점만 모은 것이 연료전지+배터리+모터를 조합한 하이브리드 시스템이다. 이 시스템은 EV를 바탕으로 레인지 익스텐더(range extender)라고 불리는 발전용 소형 연료전지를 탑재한 하이브리드 시스템이다.

기본적으로는 EV로서 주행하지만, 배터리 잔량이 줄어들면 탑재된 발전용 소형 연료전지를 발전시켜 배터리를 충전한다. 따라서 일부러 충전소에 들러서 충전하지 않아도 주행거리를 늘릴 수 있다. 일반적인 연료전지차에 탑재된 연료전지보다 크기가 작기 때문에 소비되는 수소와 제조에 필요한 희소금속 자원도 절약할 수 있다.

이 시스템을 탑재한 자동차의 연료는 전기와 수소이며, 차량에는 충전 커넥터와 수소 주입구가 함께 설치된다.

이미 유럽에서는 프랑스의 심비오(Symbio)가 개발한 EV용 소형 연료전지를 탑재한 르노의 캉구 Z.E.-H2가 상용화되었다. 심비오는 닛산자동차의 EV 상용차인 e-NV200에 소형 연료전지를 탑재한 자동차도 발표했다. 그런 만큼 앞으로 EV와 FCV의 좋은 점만 따온 하이브리드가 보급될 것으로 보인다.

FCV는 도요타의 미라이가 세계를 선도하고 있으며 EV에서는 일본의 차데모와 닛산 리프가 V2G 기술로 세계를 견인하고 있다.

세계 첫 양산형 FCV 승용차인 도요타의 미라이, 국제표준으로 등록된 EV 급속충전 방식 차데모, 그리고 세계 최초의 양산형 EV인 닛산 리프 등 일본의 선진 기술을 이용해 새로운 하이브리드차로 다시 한번 세계의 이목을 사로잡는 날이 오기를 기대한다.

수소 주입구, 충전 커넥터
EV와 FCV의 하이브리드, Symbio FCell Nissan e-NV200(필자 촬영)

【 참고문헌 】

一般社団法人日本自動車工業会Webサイト「世界各国の四輪車保有台数（2018年末現在）」
http://www.jama.or.jp/world/world/world_2t1.html
IEA "CO2 emissions from fuel combustion 2016"
欧州日産 Website "The acceleration of electrification: Nissan powers ahead with innovative electric ecosystem in Europe" 2018/03/06
https://europe.nissannews.com/en-GB/search?query=V2G&selectedTabId=releases
東京電力ホールディングス株式会社、日産自動車株式会社ジョイントプレスリリース、2017年12月13日
チャデモ協議会Webサイト　https://www.chademo.com/ja/
チャデモ協議会プレスリリース「超高出力充電を中国電力企業聯合会と共同で開発」2018年8月22日
チャデモ協議会プレスリリース「日中次世代超高出力充電規格、チャデモ3・0として発行完了」2020年4月24日
IEA "Global EV Outlook 2020" June 2020
Nikkei Asia "In Depth: CATL loses EV battery crown as foreign players muscle in" July 12, 2020
https://asia.nikkei.com/Spotlight/Caixin/In-Depth-CATL-loses-EV-battery-crown-as-foreign-players-muscle-in
国立研究開発法人新エネルギー・産業技術総合開発機構（NEDO）プレスリリース「全固体リチウムイオン電池の研究開発プロジェクトの第2期が始動」2018年6月15日

03

에너지 전환에 빼놓을 수 없는
데이터라는 자원

데이터는 '21세기의 석유'

재생에너지는 에너지 전환에 있어서 주요 에너지원이 되었다.

하지만 재생에너지는 자원으로서 잠재력이 있다는 점만으로는 보급을 확대하기가 어렵다. 재생에너지를 보급하는 데 필요한 또 하나의 자원이 있다. 그것은 바로 데이터다.

화석연료가 자원에너지의 주체였던 20세기에는 데이터가 자원이 되는 세상을 상상하기 어려웠을 것이다.

앞서 말했듯 재생에너지는 변동하는 에너지라는 점에서 수급을 일치시키는 제어 시스템이 필요하다. 이를 위해 AI, IoT, 빅데이터라는 고도의 ICT 기술을 구사하는 IoE의 도입이 불가피하다. IoE는 기상 관측 데이터를 바탕으로 발전 예측 데이터와 수요 데이터를 AI로 해석한 뒤 최적의 수급 명령을 내린다.

즉, 데이터가 없으면 IoE는 기능하지 못한다.

고도의 ICT 기술이 발달한 현대 사회에서는 거의 모든 산업과 서비스에서 데이터가 필수 요소가 되었다.

자율 주행, V2G 커넥티드 서비스 같은 기능을 탑재한 최신 EV 제조에는 자율 주행을 위한 지도 데이터나 주행 데이터, 그리고 V2G를 위한 전력 소비 데이터 등 막대한 양의 데이터가 필요하다.

데이터가 많을수록 그것을 ICT로 해석해 더욱 완성도 높은 EV를 제조할 수 있고, 반대로 데이터가 없으면 정체되어 버린다.

일본에서는 제조사에 따라 EV에 필요한 각종 데이터를 수집하기 위해 EV 판매 시 사용자에게 EV에 탑재된 정보통신 시스템을 통해 주행 데이터, 전력 소비 데이터 등의 제공을 의뢰하고 있다. 지금까지 약 60%의 사용자가 정보 제공에 동의했다.

한편 중국은 사용자가 원하든 원하지 않든 EV의 각종 데이터를 100% 제공하도록 정해져 있다.

일본은 60%의 데이터밖에 수집할 수 없지만, 중국은 100% 데이터를 수집할 수 있다는 점에서 향후 EV 제조에서 양국간 격차가 발생할 가능성이 있다.

과거 세계대전에서 석유를 가진 나라와 그렇지 않은 나라 사이에 승패를 가르는 뚜렷한 차이가 발생했던 것처럼, 현대에는 '21세기의 석유'로서 데이터라는 자원을 가진 자와 그렇지 않은 자 사이에 커다란 힘의 격차가 발생하게 되는 것이다.

세븐시스터즈처럼 되어가는 플랫폼 사업자

에너지 전환 시대에는 재생에너지와 더불어 데이터가 자원이 된다.

파리협정 채택 당시 GAFA를 필두로 ICT 비즈니스를 전개하는 플랫폼 사업자들은 이미 그 사실을 알고 있었다.

그렇기 때문에 '브레이크스루 에너지 연합'에 페이스북과 아마존, 알리바바 같은 기업이 참가했고, 애플, 마이크로소프트, 구글이 RE100에 가입해 재생에너지 100% 전환을 달성한 것이다.

데이터와 그것을 조종하는 ICT는 21세기 자원에너지 쟁탈에 있어서 강력한 무기가 된다. 그것은 기업의 시가총액 추이를 봐도 알 수 있다.

2007년과 2017년의 시가총액 상위 기업을 비교해보면 2007년은 1위 엑슨모빌, 5위 페트로차이나, 7위 로열더치셸 등 석유기업이 1위를 비롯한 상위에 군림하고 있다.

하지만 2017년에는 1위 애플, 2위 구글, 3위 마이크로소프트, 4위 아마존, 5위 페이스북, 9위 텐센트, 10위 알리바바 순으로 플랫폼 사업자들이 상위를 차지하고 있다.

기업의 시가총액이므로 에너지 관련 비즈니스뿐만이 아니라 기업 전체 비즈니스에 대한 평가가 반영되어 있기는 하지만, 2017년에 10위 안에 든 석유기업은 엑슨모빌뿐이다. 이처럼 플랫폼 사업자는 과거 석유를 지배했던 세븐시스터즈처럼 자원에너지 분야에서 두각을 나타내고 있다.

GAFA

구글(Google), 애플(Apple), 페이스북(Facebook), 아마존(Amazon) 4개사의 앞글자를 따서 GAFA라고 부른다.

플랫폼 사업자가 건설하는 도시

데이터와 ICT를 앞세워 에너지 비즈니스에 진출하고 있는 플랫폼 기업들은 향후 어떤 형태로 영향력을 강화해갈까?

그 열쇠가 되는 것이 플랫폼 사업자가 건설하는 도시다.

여기서 말하는 도시 건설은 대형 건설회사가 진행하는 빌딩 건설 같은 토목건축사업이 아니다. 플랫폼 사업자가 건설하는 것은 스마트 시티다.

현재 세계 CO_2 배출량의 약 70%를 도시가 차지하고 있다는 점에서 도시의 탄소중립화는 급선무가 되었다.

그로 인해 재생에너지의 활용, 스마트 미터에 의한 에너지 절약과 고효율화, EV 보급과 자율 주행, 차량 공유 서비스 등을 통한 CO_2 감축을 도시 단위로 실현하는 스마트 시티의 건설은 그 필요성이 높아지고 있다.

스마트 시티는 ICT를 활용해 재생에너지 발전소, 주거 공간, 사무용 빌딩, 교통 인프라 등 도시를 구성하는 다양한 요소를 IoT로 연결한다. 사람의 이동이나 에너지 수요 동향, 교통 상황 등 도시 데이터를 수집·해석해 탄소중립을 실현하기 위한 최적의 에너지 환경을 만든다.

물론 도시의 다양한 요소가 연결되므로 에너지뿐만 아니라 행정 서비스나 의료 서비스, 오락 등에 있어서도 혼란이 해소되거나 절차가 단순해지는 등 최적의 주거환경을 제공할 수 있을 것으로 예상된다. 스마트 시티 건설은 그야말로 데이터와 ICT를 구사하는 플랫폼 사업자들이 경합을 벌이는 장이 되는 셈이다.

만약 어느 한 도시에서 스마트 시티 건설에 성공하면 그 도시에서 얻은 데이터 포맷을 다른 도시에도 응용할 수 있다.

스마트 시티 건설에 성공한 플랫폼 사업자는 데이터 포맷을 응용해 마치 오셀로 게임에서 흑을 백으로 뒤집어가듯 차례차례 다른 도시를 스마트 시티로 만들어가는 것이 가능해진다.

그렇게 되면 세계 자원에너지의 흐름은 스마트 시티를 중심으로 형성되게 되고, 데이터와 ICT 등 스마트 시티를 건설할 힘을 가진 플랫폼 사업자는 과거 석유를 좌지우지한 세븐시스터즈처럼 세계의 자원에너지 동향을 좌우하는 커다란 영향력을 갖게 된다.

구글, 도요타, 스마트 시티 패권의 행방

스마트 시티를 건설하려는 플랫폼 사업자는 이미 움직이고 있다.

2017년 10월 17일 구글의 모회사인 알파벳이 설립한 사이드워크랩스는 캐나다 토론토시 동부의 워터프론트 지역에 ICT를 구사해 스마트 시티를 건설하는 프로젝트 '사이드워크 토론토(Sidewalk Toronto)'를 발표했다.

프로젝트는 온타리오 호수 주변 약 4만 8500m²의 토지에 미래형 도시를 건설하는 것으로, 사이드워크랩스는 개발 초기 단계 자금으로 5000만 달러를 출자했다. 또한 구글은 해당 지역에 캐나다 본사를 세울 계획이었다.

사이드워크 토론토는 온실가스 89% 감축을 목표로 태양광 발전을 활용하는 IoE, 패시브 하우스라고 불리는 기밀성이 높은 에너지 고효율 건물, 빌딩이나 하수의 여열이나 지열을 이용한 열 공급 시스템, 재활용률을 높이는 폐기물 처리시설 등을 도입할 예정이었다.

캐나다 트뤼도 총리는 프로젝트 기자회견에서 "이번 개발은 세계 도시의 모델이 될 것"이라고 말했다. 구글 입장에서 이번 프로젝트는 스마트 시티의 건설, 나아가 자원에너지 비즈니스에서 존재감을 발휘할 중요한 기회였다.

하지만 계획이 발표된 이후 데이터 수집이 문제가 되었다. 개인정보를 보호하는 데 문제가 있다며 시민들이 반대한 것이다.

사이드워크 토론토는 기업이 창조하는 디스토피아(암울한 미래상)라는 등 시민들로부터 부정적인 의견이 새어 나왔고, 2019년에는 개발 규모를 축소하기에 이르렀다.

그런 상황에 코로나19가 덮쳤다.

코로나19로 경제는 전례 없이 불안정해지고 부동산 시장이 악화되었다.

결국 2020년 5월 7일 사이드워크랩스는 사이드워크 토론토를 철회한다고 발표했고, 세계를 선도하는 스마트 시티의 건설이라는 구글의 야망은 불발로 끝났다.

사이드워크 토론토라는 하나의 프로젝트는 끝이 났지만 스마트 시티 건설이라는 커다란 흐름에 변함은 없다.

2020년 1월 6일 일본의 도요타자동차는 2020년 말에 폐쇄되는 시즈오카현 스소노시 히가시후지공장 터를 이용해 '우븐 시티(Woven City)'라고

디스토피아

반 이상향(반 유토피아), 암흑세계 등을 의미한다.

이름 붙인 스마트 시티를 건설한다고 밝혔다.

이를 위해 도요타는 일본의 플랫폼 사업자라고 할 수 있는 NTT와 스마트 시티를 사업화하기 위해 업무와 자본 제휴를 맺었다.

대지 면적은 약 71만m²로 착공은 2021년 2월, 초기에는 도요타의 직원과 관계자 약 2000명이 이주할 예정이다.

도요타가 자신감을 드러내는 차세대형 모빌리티의 도입은 물론, 도시에 필요한 에너지는 수소를 이용한 연료전지로 발전시키고 주택이나 상업시설에는 태양광 발전을 설치하는 등 환경을 배려한 에너지 절약·고효율 도시를 건설할 계획이다.

우븐 시티 계획은 도요타의 공장 부지를 이용해 기초부터 도시를 구축한다는 점에서 사이드워크 토론토와 다르다. 해당 지역에는 기존의 주민이 없기 때문에 반대운동이 일어나기 어려운 환경이기도 하다.

한편 현재 코로나19로 인해 사람의 이동이나 생활이 제한되면서 재택근무가 당연해지고, 뉴노멀이라는 지금까지와는 전혀 다른 라이프스타일이 구축되고 있다. 따라서 사람이 모이고 이동하는 도시라는 전통적인 콘셉트만으로는 대응하는 데 부족함이 있을 수 있다.

도요타의 우븐 시티가 이 같은 코로나19의 영향을 어디까지 따라잡을 수 있을지가 성공의 열쇠가 될 것으로 보인다.

스마트 시티 건설은 그 외에도 중국의 플랫폼 사업자인 알리바바가 본사를 둔 항저우에서 실용화를 추진하는 등 세계 각지에서 진행되고 있지만, 대부분이 코로나19 전에 계획된 것들이다.

스마트 시티를 장악하면 자원에너지 분야에서 유리한 위치에 서게 되지만, 스마트 시티의 패권은 코로나19의 영향을 어떻게 도시 건설에 반영할 것인가에 달려 있다고도 할 수 있다.

【 참고문헌 】

「世界の株、時価総額最高 IT勢にマネー流入」『日本経済新聞』2017年6月2日
「特集 終焉 GAFAの時代 企業と国家の未来 PART1－覇権の終わりの始まり 帝国になったGAFA 世界で民衆蜂起」『日本経済新聞』2020年1月6日

제 6 장

폐기물이
자원의 주역이
되는 미래

01

에너지 전환에 따른
광물 자원 리스크

에너지 전환이 불러온 광물 자원의 수급 불안정화

에너지 전환에 따라 재생에너지 보급이 대폭 확대되는 것은 곧 재생에너지 발전 설비가 대폭 도입되는 것을 의미한다.

2015년 대규모 수력 발전을 포함한 세계 재생에너지 설비 도입량은 전체 발전 설비용량의 약 31%인 약 1973GW를 기록했는데, 파리협정 당시 국제에너지기구(IEA)가 발표한 보고서 「세계에너지전망 2016」에서는 파리협정 목표를 달성하기 위한 시나리오(450시나리오)를 통해 2040년에는 전체 설비용량의 약 59%에 해당하는 약 6955GW를 도입할 필요가 있다고 밝혔다.

2015년 풍력 발전 설비 도입량은 383.58GW인데 2040년까지 약 6배 규모인 2312GW로 확대할 예정이다. 2015년부터 2040년까지 증가량을 단순

계산하면 연간 약 80GW가 된다.

풍력 발전 터빈 제조에는 희토류 원소 가운데 하나인 디스프로슘(Dy)이 필요하다. 1MW당 최대 25kg이 사용된다고 하면 연간 약 2000t의 디스프로슘이 필요해진다. 2017년 디스프로슘의 세계 총 생산량이 약 1500t이었다는 점을 생각했을 때 풍력 발전 설비 관련 수요만으로 이미 디스프로슘의 연간 생산량을 웃돌게 되므로 공급이 불안정해지는 상황이 발생한다.

에너지 절약·고효율 기기의 보급 확대 역시 광물 자원 리스크를 초래할 가능성이 있다.

전기자동차(EV)는 2017년 시점에 전 세계에 약 300만 대가 보급된 것으로 추정된다. 앞으로도 대대적인 보급 확대가 예상되는 가운데 차량용 배터리의 전극재로 사용되는 코발트(Co)는 필수적인 광물 중 하나다. 테슬라의 모델 S에는 차 한 대당 코발트 9.9kg이 사용된다고 알려졌다.

IEA의 450시나리오에 따르면 2040년까지 EV 누적 판매 대수는 7억 1500만 대에 달할 것으로 예상된다.

2017년부터 2040년까지 증가 대수를 단순계산하면 연간 약 3000만 대가 되며 EV 차량용 배터리에 필요한 코발트는 연간 약 29만 7000t이 된다. 2015년 코발트 세계 생산량이 약 12만t이었다는 점을 생각하면 EV의 보급 확대는 가까운 미래에 코발트의 수급 불안정화로 이어질 수 있다.

디스프로슘과 코발트의 사례는 그저 단순계산에 따른 추산이지만, 에너지 전환은 다양한 광물의 수급 불안정화라는 광물 자원 리스크를 초래할 가능성이 있다.

외교 카드로 사용된 희토류

재생에너지의 보급 확대에 따라 광물 자원 리스크가 우려되는 가운데, 최근 세계는 희토류 쇼크라는 광물 자원 리스크를 경험했다.

2010년 9월 오키나와현 센카쿠 열도 인근에서 일어난 일본 해상보안청 순시선과 중국 어선의 충돌 사건을 계기로 중국은 사실상 희토류 수출을 금지했다.

세계 희토류 공급은 약 90%를 중국에 의존하고 있었기 때문에 세계적으로 희토류의 수급이 불안정해지면서 희토류 쇼크가 발생했다.

주요 공급원이었던 중국이 수출을 금하자 희토류 가격은 급등했고 패닉이라고도 할 수 있는 상황에 빠졌다.

자동차는 물론 다양한 산업에서 빼놓을 수 없는 광물 자원이었기 때문에 세계 각국은 희토류 확보에 분주해졌다.

애초에 중국은 희토류를 국가의 전략자원으로 삼고 있다. 1992년 당시 중국 남부지역을 시찰하던 덩샤오핑은 '남순강화'를 통해 중국의 개혁·개방을 강조하면서 "중동에는 석유가 있고 중국에는 희토류가 있다"라고 말했다. 과거 중동 산유국이나 국제석유자본이 그랬던 것처럼 중국은 희토류를 전략적으로 이용해 세계에 영향력을 행사할 수 있다는 덩샤오핑의 자신감이 드러난 발언이다.

덩샤오핑(1904~1997)

중국의 정치가. 프랑스 유학 중에 중국공산당에 입당, 귀국 후 대장정, 항일투쟁에 참여했으며 당 총서기·정치국 상무위원 등을 역임했다. 문화대혁명과 1976년에 일어난 제1차 천안문사건으로 두 번 실각했지만 1983년에 국가중앙군사위원회 주석에 오르면서 최고 실력자가 되었다.

중국의 희토류 수출 금지라는 조치는 자국의 광물 자원을 자원 본래의 이용 목적으로가 아니라 외교 카드로 사용한 것이다.

희토류는 주로 네오디뮴 자석을 만드는 데 쓰인다. 네오디뮴 자석은 하이브리드차나 전기자동차, 풍력 발전 모터 등에 필수적으로 사용되는 고성능 자석이다.

1983년 일본의 사가와 마사토 박사가 발명한 네오디뮴 자석에는 네오디뮴과 디스프로슘 같은 희토류가 사용된다. 일반적인 페라이트 자석보다 10배 강한 자력으로 고온에서도 쉽게 떨어지지 않는 것이 특징이다.

중국이 희토류 수출을 금지하자 미국은 희토류 개발기업인 몰리코프가 경영하는 캘리포니아주의 마운틴패스 광산에 정책적인 지원을 하기 시작했다.

일본도 2010년 10월에 경제산업성이 총 1000억 엔의 추가예산을 투입해 '희토류 종합대책'을 수립하고, ①호주와 희토류 공동개발사업 실시 등 중국 이외의 공급원 다원화, ②희토류 저감과 대체 기술 개발, ③재활용 촉진에 나섰다.

2012년 3월에는 미국, 일본, EU가 공동으로 중국의 희토류 수출 수량 제한, 수출세 부과 등의 수출 규제는 WTO 협정을 위반한 것이라며 WTO에 협의를 위한 패널의 설치를 요청했다.

요청에 따라 설치된 WTO 분쟁해결 패널은 2014년 3월 중국의 수출 규제에 대해 GATT(관세와 무역에 관한 일반 협정) 제11조 1항(수출 수량 제한의 금지), 중국의 WTO 가입의정서 제11조 3항(수출세의 금지) 등을 위반한다는 판결을 내렸고, 같은 해 8월 WTO 상급위원회에서도 같은 판결을 내렸다.

그렇게 중국은 수출 수량 제한과 수출세를 폐지했고 희토류 위기는 점차 해소되었다.

끝나지 않은 중국의 희토류 지배

희토류 쇼크는 중국의 수출 규제가 WTO 협정 위반이라는 판결이 내려지면서 종식되었지만, 문제가 완전히 해결된 것은 아니다.

세계적으로 희토류 공급원은 다원화되지 않았고, 희토류 저감·대체 기술은 일부 개발에 성공했지만, 비용 면에서 과제가 남아 있다.

게다가 WTO의 판결 이후 희토류가 다시 시장에 나오면서 굳이 비용이 드는 희토류 저감·대체 기술을 사용할 필요가 없어졌다.

혼다기연공업은 희토류의 일종인 디스프로슘을 사용하지 않는 네오디뮴 자석을 개발해 2016년부터 하이브리드차의 구동 모터에 사용하고 있다. 하지만 그것은 WTO의 판결이 나온 이후의 일이므로 희토류 쇼크 당시 도움이 되지는 못했다.

희토류 쇼크 당시 실제로 실행되었던 대책은 애초에 희토류를 재료로 사용할 필요가 없었던 제품의 수요 저감이나, 네오디뮴 자석 제조 공정에서 본래 버려지던 연마 부스러기를 재사용하는 등 기업 내부 비축을 이용한 방법이 대부분이었다.

즉, 희토류 쇼크에 대한 근본적인 문제가 해결되지 않은 상태에서 또다시 시장에 희토류가 공급되면서 과도하게 중국에 의존하는 문제가 방치된 채 지금에 이른 것이다.

센카쿠 열도와 해저 자원

2010년 9월 7일 오키나와현 센카쿠 열도 인근에서 조업을 하던 중국 어선과 일본 해상보안청 순시선이 충돌하는 사건이 발생했다.

센카쿠 열도는 일본의 영토이며 일본이 위법 조업을 단속하는 것은 당연한 일이지만, 중국은 센카쿠 열도가 중국의 영토라고 주장하며 일본의 대응에 반발하는 태도로 나왔다.

중국이 센카쿠 열도의 영유권을 주장하기 시작한 것은 1969년 유엔 아시아 극동경제위원회(ECAFE)가 동중국해 일대의 학술조사를 실시한 결과 센카쿠 열도 근해에 매장량이 풍부한 유전이 있을 가능성이 높다고 발표하면서부터다. ECAFE의 보고서

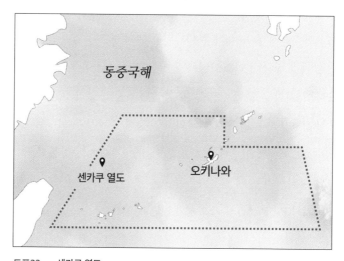

도표23　센카쿠 열도

출처: 일본 외무성 홈페이지 '센카쿠 열도 정세의 개요'

에서는 대만과 일본 사이에 있는 대륙붕이 세계에서 가장 풍부한 유전 가운데 하나일 가능성이 있지만, 이 지역에서는 충분한 지질학적 조사가 실시되지 않았고 유정 굴착에 있어서 미개발지라는 점을 지적했다.

이것이 보고된 이후인 1971년에 처음으로 중국이 영유권을 주장해왔다는 점에서 중국의 주장은 해저에 잠든 석유의 이권이 목적이라는 점을 알 수 있다. 센카쿠 열도는 영토와 자원에의 관심이 표리일체가 된 전형적인 사례라고 할 수 있다.

그런 가운데 중국은 희토류 지배를 더욱 강화하고 나섰다.

2015년 6월 희토류를 확보하기 위해 미국 정부가 지원해오던 몰리코프가 파산했다.

중국의 희토류 수출 규제가 완화되면서 고가에 거래되던 희토류 가격이 급락했고, 시장 상황이 악화되면서 몰리코프의 자금 융통이 막혔다.

중국은 이 기회를 놓치지 않았다. 2017년 6월 중국의 자원회사인 성화자원이 몰리코프가 소유하던 미국의 마운틴패스 광산을 인수한 것이다.

중국은 WTO 판결 이후에도 희토류에 대한 지배를 강화했고 끝내 미국의 희토류 광산까지 손에 넣었다.

이에 그치지 않고 성화자원의 싱가포르 자회사는 2016년 7월 희토류 자석 재활용 사업을 하는 베트남레어어스를 매수했다. 베트남레어어스는 합금철 등을 생산하는 니폰전공의 자회사였다.

이외에도 중국은 자국의 환경 규제가 엄격해지자 중국 내 희토류 채굴을 정리·통합하는 동시에, 중국보다 비교적 환경 비용이 낮은 미얀마의 광산으로 옮겨가 채굴하는 방식으로 희토류 지배를 강화하고 있다. 희토류 쇼크 이후에도 중국이 희토류 시장을 지배하는 상황은 계속되고 있다.

희토류에 대한 중국 지배가 이어지고 있는 상황에서는 언제든 제2의 희토류 쇼크가 일어날 수 있다.

만약 제2의 희토류 쇼크가 발생하면 그때는 비축이라는 대책만으로 대처할 수 없을지도 모른다.

희토류라고 불리는 광물의 수급이 불안정해진 사태가 희토류 쇼크라고 불릴 정도로 커다란 영향을 미쳤다는 점에서, 재생에너지 설비나 에너지 절약·고효율 기기 도입의 확대로 인해 수많은 종류의 광물 수급 불안정화가 일어난다면 그 여파는 엄청날 것이다.

미국과 유럽이 지정한 중요한 광물

이러한 광물 자원 리스크에 대비하고자 2017년 12월 20일 당시 미국 트럼프 대통령은 핵심광물(Critical Minerals)의 안전하고 신뢰할 수 있는 공급을 확보하기 위한 행정명령 13817에 서명했다.

행정명령은 중요한 광물의 재활용, 대체 기술 개발, 민간부문의 광물 탐사 지원, 핵심광물 개발을 위한 동맹국·파트너와의 협력 등을 추진하는 것으로, 2018년 2월 16일에는 중국 의존도가 높은 희토류, 코발트를 포함한 35종류의 핵심광물 리스트를 발표했다.

행정명령 13817은 마운틴패스 광산이 중국의 성화자원에 인수된 이후에 발표된 만큼 대응에 한발 늦은 감은 있지만, 중국의 움직임에 위기를 느낀 미국이 내린 조치라고 볼 수 있다.

미국과 마찬가지로 유럽에서도 유럽공동체가 27종류의 주요 광물을 핵심원자재(CRMs: Critical Raw Materials)로 지정했다.

CRMs란 하이테크 제품에서 특히 중요한 물질로, 이를테면 스마트폰의 경량화나 소형화에 빼놓을 수 없는 각종 광물 등이 이에 해당한다.

CRMs에는 기후변화 문제에 대처하기 위해 보급이 시급한 솔라 패널, 풍력 터빈, 전기자동차, 에너지 효율이 높은 고효율 조명 등의 제조에 필요한 광물도 포함되어 있기 때문에 그 수요는 2030년까지 20배로 늘어날 전망이다.

EU에서는 2011년부터 3년마다 CRMs 리스트를 갱신하고 있으며, 2011년에 작성된 최초의 리스트에는 14종의 광물이 CRMs로 특정되었고 2014년에는 20종, 2017년에는 희토류, 코발트, 인듐, 탄탈럼을 포함한 27종의 광물이 CRMs로 특정되었다(표2).

EU에서는 폐기물에 들어 있는 CRMs 회수의 우수 사례를 모아 보고서를 작성하고, 폐기물에서 CRMs를 회수해 이용하도록 EU 회원국에 장려하고 있다.

구체적으로는 폐기물 출하에 관한 EU의 규칙에 따라 소재 불명의 폐기 자동차를 포함한 모든 차량이 폐기 처리시설에 실려 오기까지 전 과정을 추적·관리해, 폐기 자동차에 들어 있는 가치 있는 각종 광물의 누출을 방지하기 위해 노력할 것이라고 밝혔다. 이러한 대응은 순환경제(CE: Circular Economy)라는 EU의 자원 순환 정책을 바탕으로 추진되고 있다.

Antimony 안티모니	Fluorspar 형석	LREEs 경희토류	Phosphorus 인
Baryte 바라이트	Gallium 갈륨	Magnesium 마그네슘	Scandium 스칸듐
Beryllium 베릴륨	Germanium 게르마늄	Natural graphite 천연흑연	Silicon metal 금속규소
Bismuth 비스무트	Hafnium 하프늄	Natural rubber 천연고무	Tantalum 탄탈럼
Borate 붕산염	Helium 헬륨	Niobium 니오븀	Tungsten 텅스텐
Cobalt 코발트	HREEs 중희토류	PGMs 백금족	Vanadium 바나듐
Coking coal 점결탄	Indium 인듐	Phosphate rock 인광석	

HREEs=무거운 희토류, LREEs=가벼운 희토류

표2   핵심원자재(CRMs)로 지정된 27종 광물

출처: EU의 'European Commission, Report on Critical Raw Materials in the Circular Economy 2018'을 참고해 작성

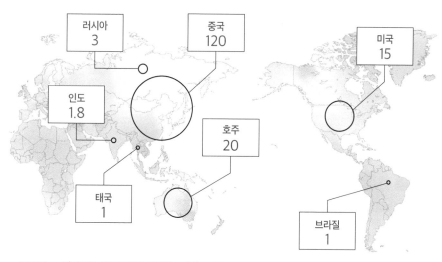

도표24   세계 주요 희토류 광석 생산국[국가명, 국가별 생산량(희토류 산화물 천t, 2018년 기준)]

출처: JOGMEC의 「광물 자원 머트리얼 플로 2019 6. 희토류(REE)」 2020년 3월

희토류란 무엇인가

희토류라는 단어가 일반적으로 사용되고 있지만, 희토류는 17 원소의 총칭이다. 희토류라고 해도 그 종류가 17종이나 된다는 사실을 아는 사람은 많지 않을 것이다. 17종류의 희토류는 크게 경희토류(LREEs), 중희토류(HREEs)로 나뉜다.

경희토류에는 세륨(Ce), 네오디뮴(Nd), 사마륨(Sm) 등의 원소가 있고 중희토류에는 가돌리늄(Gd), 디스프로슘(Dy) 등이 있다.

경희토류는 세계에 널리 분포되고 있어 앞으로 개발이 진행되면 새로운 광상이 발견될 가능성이 큰 만큼 공급원의 다원화가 이루어질 수 있다.

한편 중희토류는 주로 이온흡착형, 알카리암형 등의 광상에서 산출되는데, 알카리암형 광상은 이온흡착형에 비해 비용이 많이 들고 추출 기술도 확립되어 있지 않기 때문에 현재 중희토류는 주로 이온흡착형 광상에서 산출되고 있다.

이온흡착형 광상이 주로 중국 남부 등 한정된 지역에 편재되어 있다 보니 중희토류는 중국의 공급에 의존할 수밖에 없는 상황이다.

Sc	스칸듐	Y	이트륨	La	란타넘	Ce	세륨
Pr	프라세오디뮴	Nd	네오디뮴	Pm	프로메튬	Sm	사마륨
Eu	유로퓸	Gd	가돌리늄	Tb	터븀	Dy	디스프로슘
Ho	홀뮴	Er	어븀	Tm	툴륨	Yb	이터븀
Lu	루테튬						

표3   희토류 17원소

출처: 일본 경제산업성 홈페이지 '희토류'

디스프로슘 등의 중희토류는 EV, PHV 같은 차세대 자동차의 모터나 원자로의 중성자 피폭을 방지하기 위한 차폐재에 사용되는 핵심광물인 만큼 향후 수급 동향에 주목할 필요가 있다.

【 참고문헌 】

World Bank Group "The Growing Role of Minerals and Metals for a Low Carbon Future" 2017
http://phoventus.com/wp-content/uploads/2018/03/The-Growing-Role-of-Minerals-and-Metals-for-a-Low-Carbon-Future.pdf#
Adamas Intelligence "Spotlight on Dysprosium 2018" 2018　http://1b9dn310cnw45swh730g66pj-wpengine.netdna-ssl.com/wp-content/uploads/2018/04/Adamas-Intelligence-Spotlight-on-Dysprosium-April_2018.pdf
IEA "Global EV Outlook 2018" 2018
SNE Research Website "Global Lithium Ion Battery Raw Materials Market Trend and Forecast(〜2025)" 2017-09-07
http://sneresearch.com/_new/eng/sub/sub1/sub1_01_view.php?mode＝show&id＝959&sub_cat＝2>
JOGMEC Webサイト「鉱物資源マテリアルフロー2016 9・コバルト(Co)」http://mric.jogmec.go.jp/wp-content/uploads/2017/06/09_201701_Co.pdf
田中彰、黄孝春、康上賢淑「レアアースショックと総合商社」『産業学会研究年報　第31号』2016年
EU "European Commission, Report on Critical Raw Materials in the Circular Economy 2018"
https://publications.europa.eu/en/publication-detail/-/publication/d1be1b43-e18f-11e8-b690-01aa75ed71a1/language-en/format-PDF

02

순환경제라는 '자원의 대전환'

경제 모델을 전환하는 유럽의 순환경제

광물 자원 리스크가 우려되자 유럽은 이에 대한 대처를 포함한 자원 순환 정책으로서 순환경제 구축에 나섰다. 그렇다면, 순환경제란 무엇일까?

지금의 경제 모델은 땅속에 매장되어 있는 천연자원을 채굴해 그것을 바탕으로 제품을 생산하고 그 제품을 소비하다가 필요 없어지면 버리는, 채굴→생산→소비→폐기 순으로 자원을 소비해나가는 선형경제(liner economy)다.

반면 유럽연합(EU)이 추진하는 순환경제는 폐기물을 버리는 것이 아니라 폐기물을 제대로 관리하고 그것을 재생해 다시 자원으로 이용하는 자원 순환형 경제다. 채굴→생산→소비→폐기물 관리→폐기물에서 자원 재생→재생자원으로 생산이라는 순환 서클을 형성하고 그 안에서 자원의 가치를 최대한 지속시켜 자원을 절약해나가는 것이다.

EU는 선형경제 모델이 천연자원 수요량을 증대시키며 지금 속도로 자원을 소비해 나간다면, 향후 행성 2개분이 넘는 천연자원이 필요해질 것이라는 위기감에서 순환경제 구축에 나섰다.

순환경제를 구축함으로써 폐기물 발생과 자원 사용을 최소한으로 억누르고, 수명을 다한 제품은 결함이나 고장 난 부분을 수리하고 재생하는 리퍼비시(refurbish) 등을 통해 제품에 새로운 가치를 부여해 재사용하게 한다. 즉, 자원 순환이 이루어지는 것이다.

순환경제는 단순히 지속가능한 사회를 구축하기 위한 환경 정책으로 보일 수도 있다. 하지만 EU에서는 순환경제에 의한 자원 순환은 기술혁신과 고용 창출에 커다란 이익을 가져오며, 순환경제 구축을 통해 2030년까지 18만 명 이상의 직접고용을 창출해 EU의 GDP를 7% 증가시키고 국제경쟁력을 향상시킬 것으로 기대하고 있다.

EU에 있어서 순환경제는 단순한 환경 정책이 아니다. EU가 앞장서서 폐기물을 자원으로 재생하는 혁신기술을 개발하고 재생한 자원으로 만든 제품을 유통하는 유통 시스템을 구축해 세계의 경제 모델을 선형경제에서 순환경제로 전환함으로써 유럽에서 전 세계로 친환경 제품·서비스를 수출하겠다는 경제 전략이나 다름없다.

순환경제에서는 환경에 부담을 주면서 채굴해야 하는 천연자원보다 폐기물에서 재생한 자원을 우선시한다. 그것은 자원에 대한 기존의 상식을 뒤엎는 것으로, 폐기물이 천연자원보다 가치를 갖는다는 자원의 대전환을 의미한다.

희토류를 예로 들어 생각해보자.

순환경제에서는 중국이 자연에서 채굴한 희토류보다 어딘가의 나라가 폐기물에서 재생한 희토류 쪽이 더 높은 가치를 갖는다.

환경에 부담을 주면서 채굴해야 하는 천연자원 희토류는 마치 CO_2를 배출하는 석탄처럼 쇠퇴할 가능성이 있다.

다시 말해 폐기물에서 자원을 재생해 이용할 수 있는 국가가 자원국이 된다. 즉, 자원국의 지형도를 새로 그리는 것이다.

지속가능한 사회를 구축하기 위해 폐기물 발생을 막고 재이용을 촉진하는 것은 SDGs의 목표12 '지속가능한 소비와 생산'에 명기되어 있다.

EU는 SDGs 목표 달성이라는 대의를 바탕으로 순환경제를 구축해 나갈 방침이다. 구체적으로 무엇을 어떻게 하려는 것일까?

순환경제를 위한 구체적인 계획

EU가 순환경제를 구축하려는 노력은 2010년 3월에 발표된 유럽성장전략 (Europe 2020) 가운데 자원의 유효한 활용과 효율성을 높이는 '자원효율성 (RE: Resource Efficiency)' 정책에서 시작되었다.

2011년 9월에는 '자원효율성' 정책을 달성하기 위한 '자원이 효율적인 유럽을 위한 로드맵(Roadmap to a resource-efficient Europe)'(이하 로드맵)이 발표되었다.

그리고 2015년 12월에는 로드맵을 달성하기 위한 구체적인 실행 계획 정책 문서 '순환경제 패키지(Closing the loop-An EU action plan for the Circular

Economy)'(이하 CEP)가 발표되었다.

CEP는 EU가 앞으로 나아갈 방향을 제시하는 정책 문서지만 구속력이 있는 것은 아니다. CEP에는 제품의 ①생산, ②소비, ③폐기물 관리, ④폐기물에서 자원으로(재자원화)라는 라이프사이클 전반에 걸친 구체적인 실행 계획이 담겨 있다.

① 생산

생산 영역에서 실행할 계획은 제품 디자인과 생산 프로세스라는 두 가지 관점에서 제시한다. 제품 디자인은 내구성이 좋고 수리나 업그레이드, 혹은 재제조가 용이한 것을 좋은 제품 디자인이라고 본다. 재활용 효율을 높이기 위해서는 무엇보다 설계 단계에서 재활용하기 쉽게 만드는 것이 중요하다.

텔레비전 플랫 스크린에는 금, 은, 팔라듐 등 경제적 가치가 높은 귀금속이 들어 있다. 이를 가장 효율적으로 회수하는 방법은 손으로 해체하는 것이며 회수율 90%를 달성할 수 있다고 추산하고 있다.

한편 손으로 해체하기 어렵고 경제적으로 타산이 맞지 않는 디자인인 경우 파쇄를 통해 재활용하게 되는데, 이 방법은 재활용 효율을 현저하게 떨어뜨린다. 따라서 애초에 제품 디자인 단계에서 손으로 해체하기 쉽도록 설계할 필요가 있다.

이러한 관점을 EU의 에코디자인 지침에 반영시켰다. 컴퓨터 모니터나 텔레비전의 전자 디스플레이 설계를 시작으로 그 노력이 첫발을 내디디고 있다.

또한 EU는 쉽게 재활용할 수 있는 제품을 설계하기 위해, 생산자에게 경제적인 혜택을 주는 생산자책임재활용제도를 도입했다. 제품이 수명을 다한 후에 이루어지는 분별, 수집, 선별 등 재활용이나 재사용에 드는 비용을 기준으로 생산자가 부담해야 하는 폐기 비용을 책정함으로써 더 좋은 제품을 설계하도록 장려하는 것이다.

생산 프로세스에서는 생산에 투입되는 자원을 효율적으로 사용해 비용을 낮추기 위해 노력해야 한다. 특히 폐기물이나 부산물을 활용하는 혁신적인 생산 프로세스의 증진이 중요한 만큼, 특정 산업에서 발생한 폐기물이나 부산물을 다른 산업의 자원으로써 활용하는 '산업 공생'을 촉진하고 있다.

② 소비

소비 영역에서 실행할 계획은 소비자가 무엇을 선택하는가가 순환경제 형성에 큰 영향을 끼친다는 점에 초점이 맞추어져 있다.

소비자의 선택은 제품 정보에의 접근, 가격, 규제 등에 좌우된다. 특히 소비자의 의사 결정에 커다란 영향을 미치는 요인 가운데 하나인 가격에 제품의 환경 비용을 반영하는 것은 순환경제를 구축하기 위한 수단이 될 수 있다.

에코디자인

생산·사용·재활용·폐기라는 제품의 라이프사이클 각 단계에서 환경 보전을 고려한 디자인, 또는 그 생산기술을 말한다.

그리고 또 하나의 중요한 수단으로서 공공부문의 그린조달(GPP: Green Public Procurement)을 꼽는다.

EU의 정부조달 시장은 GDP의 20%를 차지할 정도로 규모가 크다. 그만큼 정부조달의 친환경화라는 소비 행동은 EU 전체의 소비 행동을 변화시켜갈 것으로 기대된다.

이러한 관점을 바탕으로 다음의 실행 계획을 제시한다.

- 에코디자인을 기준으로 내구성뿐만 아니라 수리·예비부품 이용가능성 정보를 구체적으로 검토한다.
- '친환경 제품'이라고 표시된 것이라도 그 근거가 충분하지 않은 '거짓 그린 선언'에 대한 대처를 강화한다.
- 소비자가 신제품으로 교체하는 것을 촉진하기 위해 사용기한을 한정한 제품을 판매하는 '계획된 진부화(planned obsolescence)' 문제에 대처해 불필요한 제품 교체를 억제한다.
- 유럽공동체(EC)가 공공부문의 그린조달(GPP)의 실례를 보여주고 그 실시 범위를 확대한다.

그린조달

국가, 자치단체, 기업 등이 자재나 부품 등 각종 제품·서비스를 조달할 때 환경을 고려한 제품·서비스를 우선해서 선택하는 것.

그 밖에 제품의 탄소발자국이나 에코라벨을 통한 정보 제공, 과세 등 환경 비용을 반영한 제품 가격 책정, 제품이나 인프라의 공유 등도 제시하고 있다.

③ 폐기물 관리

폐기물 관리 영역은 순환경제에 있어서 중심적인 역할을 한다. 따라서 자원의 가치가 순환 사이클 안에서 최대한 오래 유지될 수 있도록 EU의 폐기물 관리 우선순위(waste hierarchy)에 따라 폐기물을 관리한다.

폐기물 관리 우선순위란 EC의 '폐기물에 관한 지침 2008/98/EC'에 따라 폐기물 관리와 처리에 관한 우선순위를 정한 것이다.

이에 따르면 ①폐기물 발생 억제(prevention) → ②재사용을 위한 준비(preparing for re-use) → ③재활용(recycling) → ④자원 회수(recovery) → ⑤폐기(disposal) 순이다.

여기에서 ②재사용을 위한 준비란 폐기물이 된 제품이나 부품을 추가적인 전처리 없이 재사용할 수 있도록 회수할 때 확인, 세척, 수리하는 것을 말한다.

탄소발자국

원재료의 조달부터 제조, 운송, 소비 후 폐기에 이르기까지 제품의 라이프사이클 각 과정에서, 그 제품이 배출하는 온실가스 총량을 이산화탄소(CO_2)로 환산한 지표.

에코라벨

독일에서 시작된 제도로, 지구의 환경 보전에 도움이 된다고 인정받은 제품에 붙이는 표식이다. 환경마크라고도 불린다.

③재활용은 폐기물이 된 제품이 원래의 이용 목적으로든 다른 목적으로든 제품, 재료 또는 부품으로 재처리되는 각종 회수 작업을 의미한다.

단, 여기에는 소각에 의한 연료·에너지 회수, 매립하기 위한 재료의 재처리는 포함되지 않는다.

연료·에너지로서의 회수 등은 ④자원 회수에 들어간다.

이러한 폐기물 처리 우선순위를 바탕으로 폐기물 관리의 목적을 달성하기 위한 구체적인 수치 목표는 다음과 같다.

- 2030년까지 각 지방자치단체의 폐기물 65%를 재활용한다.
- 2030년까지 포장 폐기물의 75%를 재활용한다.
- 2030년까지 각 지방자치단체의 폐기물 매립률을 10%까지 줄인다.

④ 재자원화

본래 재생된 자원은 광산 등에서 채굴한 천연자원처럼 경제 활동에 투입되어야 하지만, 현재 EU에서는 재생자원의 활용률이 낮다.

그런 이유로 재자원화의 실행 계획에서는 재생자원 시장을 구축·확대하기 위해 다음과 같이 크게 다섯 가지 방침을 제시하고 있다.

- EU 표준으로서 재생자원(특히 플라스틱)의 품질 기준을 개발하고, 더 이상 폐기물로 간주해서는 안 되는 시기를 명확하게 해서 재생자원이 시장에서 자유롭게 거래되도록 한다.
- 인광석 등 광물로 만드는 비료에 대한 의존을 줄이기 위해 유기 비료나 폐기

물로 만드는 비료의 승인을 촉진한다.

- 재사용되는 물의 최소 요건을 정하고 물의 재사용을 촉진해서 EU의 물 부족 상황에 대처한다.
- EU 내에서 국경을 초월한 재생자원의 활용을 촉진하기 위해 제품에 포함되는 유해 화학물질을 줄이고, 그 유통 상황을 추적하는 시스템을 개선한다.
- 원자재에 대한 정책이나 생산 상황, 개발 동향 등의 정보를 열람할 수 있는 원자재정보시스템(RMIS: Raw Materials Information System)을 더욱 발전시켜 EU 내에서의 원자재 흐름에 관한 연구를 지원한다.

이 같은 순환경제의 자원 순환 흐름과 프로세스, 그리고 각 프로세스에 부과된 조건을 오른쪽 도표25에 정리해두었다.

유럽의 목적은 재생자원 시장의 창출

앞서 말했듯 CEP에는 유럽이 순환경제를 구축하는 데 있어서 노력해 나가야 하는 내용이 구체적으로 나와 있는데, 이것은 재생자원 시장의 구축을 목표로 한다.

순환경제가 기능하려면 재생자원이 유통되어야 한다. 이를 위해 재생자원에 대한 유럽의 기준을 만들고, 생산과 소비에 있어서 재생자원을 우선하는 환경을 구축하고, 자원으로서 재생되는 폐기물이 산재하지 않도록 관리해서 재생자원이 유통되는 구조, 즉 재생자원 시장을 구축하는 것이

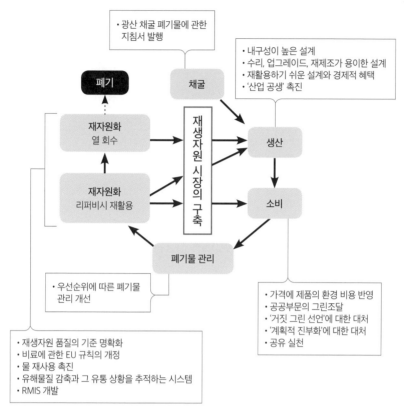

도표25　　유럽 순환경제의 자원 순환 체계 개관

출처: CEP를 참고해서 필자 작성

CEP의 취지라고 할 수 있다.

　그리고 채굴 → 생산 → 소비 → 폐기물 관리 → 폐기물에서 자원 재생 → 재생자원으로 생산이라는 순환 사이클의 각 프로세스에 규제를 설정해서, 유럽에서 경제 활동을 하는 모두는 반드시 그것에 따르도록 해야 한다.

가령 유럽의 기준상 손으로 해체할 수 없다고 판단된 제품은 유럽 내에서 판매할 수 없게 된다거나 반드시 유럽 기준을 통과한 재생자원을 사용해야 하는 등의 상황이 생길 수 있다.

EU는 순환경제의 구축이 곧 국제경쟁력 향상으로 이어질 것으로 기대하고 있다. 유럽 기준의 재생자원 시장을 창출하고 그것을 세계에 확산시킴으로써 주도권을 잡겠다는 이야기다.

이러한 EU의 순환경제 구축을 위한 움직임은 에너지 전환과 닮았다.

기후변화 대처라는 대의를 바탕으로 화석연료에서 재생에너지로 전환이 진행되면서 이와 맞물려 청정에너지 시장이 구축되었듯, 유럽의 순환경제도 SDGs의 목표12 '지속가능한 소비와 생산' 달성이라는 대의를 바탕으로 천연자원에서 재생자원으로 전환을 추진하기 위해 재생자원 시장을 구축하려는 것이다.

당초 재생에너지 보급은 쉽지 않을 것이라고 여겨졌지만 결국 에너지 전환은 빠른 속도로 이루어졌고, 160조 엔이 넘는 청정에너지 시장이 생겨나면서 전 세계는 그 시장을 획득하기 위해 경쟁을 벌이고 있다.

마찬가지로 순환경제가 구축되면 거대한 재생자원 시장이 생겨나고 그것을 선도한 EU는 막대한 이익을 얻게 될 것이다.

그뿐만이 아니다. 순환경제의 구축으로 인해 재생자원이 주역으로 떠오르게 되면 석유, 천연가스, 광물 등 천연자원을 해외에서 조달해오던 유럽은 자원의 해외 의존도를 낮출 수 있다.

순환경제의 각 프로세스에서 사용되는 주요 에너지원은 재생에너지가 될 것이고, 폐기물을 재생해서 자원으로서 시장에 투입하기 위한 폐기물 수집, 재생자원 생산, 유통 전반에 걸친 데이터 또한 중요한 자원이 될 것이다.

EU는 유럽 그린딜의 일환으로서 2020년 2월 신 순환경제 실행계획(New Circular Economy Action Plan)을 발표해서 순환경제 패키지를 위한 노력을 더욱 강화해가고 있다.

【 참고문헌 】

Didier Bourguignon "Closing the loop New circular economy package" European Parliamentary Research Service, January 2016

03

막이 오른 순환경제의 주도권 쟁탈

순환경제의 국제표준화를 추진하는 유럽

EU가 주력하고 있는 순환경제를 그저 먼 나라 이야기라고 생각해서는 안된다.

이미 유럽에서는 순환경제의 구축과 함께 순환경제 관련 국제표준화를 위한 움직임도 시작되었다.

2018년 6월 프랑스의 표준화기관 AFNOR(French Standardization Association)은 국제표준화기구(ISO)에 순환경제에 관한 국제표준규격 제정

AFNOR
1926년에 설립된 프랑스 표준화협회의 약칭. 프랑스를 대표하는 국내표준화기관 겸 국제표준화기관으로 규격을 개발, 판매, 보급한다.

을 위한 기술위원회(TC: Technical Committee)의 설치를 제안했다.

이는 순환경제에 관한 프로젝트의 체계나 지침, 지원 툴 등을 표준화함으로써 프로젝트를 실행하려는 다양한 조직에 적용하기 위함이다.

기술위원회가 설치되면 유엔의 SDGs 목표를 달성하는 데도 도움이 될 것으로 평가받았다.

결국 AFNOR의 제안은 통과되었고 ISO 산하에 순환경제 관련 국제표준화를 추진하는 기술위원회323(TC323)이 설치되었다. TC323은 2020년 10월 기준으로 70개 참가국과 11개 옵저버국으로 구성되어 있다.

기술위원회 설치를 제안한 프랑스는 표준화 논의를 이끄는 의장 자리를 꿰차고 순환경제의 주도권을 쥐기 위해 발 빠르게 나서고 있다.

EU의 CEP는 구속력이 없는 정책 문서지만, 이미 EU는 2018년 1월 발표한 정책 문서 '순환경제에 있어서 유럽의 플라스틱 전략(A EUROPEAN STRATEGY FOR PLASTICS IN A CIRCULAR ECONOMY)'에서 플라스틱 분야부터 순환경제의 국제표준화를 구축할 방침임을 표명했다.

앞서 말했듯 WTO의 TBT협정(무역에의 기술적 장벽에 관한 협정)에 따라 WTO 회원국은 각국의 표준·기술규정을 원칙적으로 ISO나 IEC 등 국제표준화기구가 작성한 국제규격에 맞추도록 의무화되어 있다. 즉, ISO에서 논의되는 순환경제 구축을 위한 표준화 내용은 유럽뿐만 아니라 세계적인 국제표준으로서 따라야 하는 구속력을 갖게 될 가능성이 있다.

EV의 급속충전 설비를 두고 미국과 유럽, 일본이 표준화 경쟁을 벌이듯 순환경제에 있어서도 그 주도권을 쥐기 위해 국제표준화라는 무대에서의 경쟁이 시작된 것이다.

현재 TC323의 의장 자리에 앉은 프랑스가 선두지휘하고 있지만, 프랑스와 EU 각국의 의견이 항상 100% 일치하는 것은 아니다.

하지만 지금까지 국제표준화 무대에서 유럽의 동향을 봤을 때, 처음에는 제각각이던 유럽 각국이 논의를 거치면서 결국 EU로 정리되는 경우가 많았다.

그리고 표준화를 결정하는 투표에서 EU 회원국이라는 조직표로서 영향력을 발휘해왔다는 점을 생각하면 결코 경계를 늦출 수 없는 상황이다.

일본과 유럽 자원순환 정책의 차이

유럽이 순환경제 구축과 그 국제표준화를 전략적으로 추진하고 있는 지금, 일본의 상황은 어떠한가?

일본의 순환형 사회 구축은 환경기본법을 바탕으로 2000년에 제정된 '순환형사회형성추진기본법'(이하 순환기본법)과 그 실행법에 따라 추진되고 있다.

순환기본법에는 순환형 사회를 구축하기 위해 노력해야 하는 정책의 우선순위와 누가 그 책임을 질 것인지가 명확하게 드러나 있다.

가장 우선시되어야 할 정책은 ①폐기물의 발생 억제다. 그리고 ②재사용(폐기물을 순환자원으로서 다시 사용하는 것), ③재생이용(폐기물을 순환자원으로서 원재료로 이용하는 것), ④ 열 회수(폐기물을 태워서 열로 회수하는 것), ⑤적정처분(폐기) 순이다.

책임 부담에 대해서는 지금껏 지자체가 도맡아온 폐기물 처리에 관한 모든 혹은 일부 책임을 제품의 생산자가 맡게 된다.

이러한 순환기본법의 취지를 바탕으로 자원순환을 구체화하기 위한 실행법으로서 자동차, 건축자재, 식품, 소형가전, 가전, 용기포장 같은 개별 재활용법이 시행되고 있다.

또한 정부·지자체나 독립행정법인 등이 물품이나 서비스를 조달할 때, 순환자원을 재사용·재생이용해서 만든 제품을 우선해서 선택하도록 하는 그린매입법도 시행되고 있다.

얼핏 보면 일본의 순환기본법은 순환경제처럼 자원순환을 촉진하는 것처럼 보인다. 하지만 순환기본법의 취지를 구체화하기 위해 시행되는 개별 재활용법에서의 재상품화, 재자원화는 순환이용이 가능한 '상태로 만드는 것'이라는 준비 행위에 그친다.

즉, 순환기본법의 취지가 재사용, 재생이용을 하는 것임에도 정작 실행법에서는 그것을 이행하도록 하지 않는 모순된 상태에 있는 것이다.

또한 개별 재활용법에서의 재상품화, 재자원화는 자동차나 건축자재 등 품목별로 실시되기 때문에 품목에 없는 제품은 자원순환 대상이 되지 않는다는 문제가 있다.

게다가 순환기본법에서 가장 우선시해야 하는 정책으로 꼽는 폐기물의 발생 억제는 현행법상 관계 주체에게 책무를 부여하는 것에 그치고 있어 구체적인 정책으로 발생을 억제한 사례는 거의 찾아볼 수가 없는 상황이다.

일본의 정책은 유럽의 순환경제처럼 경제 모델을 근본적으로 변혁하는 것이 아니라, 도표26에 나와 있듯 자원의 채집→제조→소비→폐기라

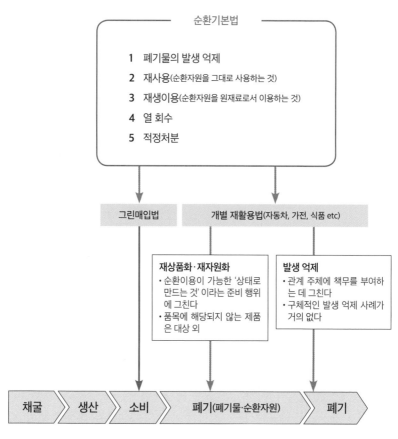

도표26   일본의 자원순환 체계 개관
출처: 순환기본법, 개별 재활용법 등을 참고해서 필자가 작성

는 기존의 선형경제(linear economy)를 바탕으로 한다.

반면 CEP에 의한 자원순환은 도표25에서처럼 개별 품목을 대상으로 하지 않고 자원의 채집 단계까지 거슬러 올라가서 ①생산→②소비→③ 폐기물 관리→④재자원화라는 제품의 라이프사이클 각 프로세스마다 구체적인 정책을 마련해 두었다. 모든 폐기물이 자원순환의 대상이 되어 재생자원이 유통되는 시장을 만들어낸다.

책임 소재에 대해서도 개별 생산자가 중심이 되어 모든 책임을 지는 일본과 다르게, 유럽은 재활용업자가 재활용사업을 도맡아서 하되 모든 분야의 생산자가 재활용업자의 활동을 협력·지원하는 구조다.

유럽의 순환경제는 경제 성장과 고용 창출을 중요시한다. 그런 점에서 재활용업자를 중심으로 하는 이 같은 정책은 재활용 효율을 높일 뿐만 아니라 폐기물로 부가가치를 발생시키는 정맥산업 발전으로도 이어진다.

유럽의 순환경제는 폐기물을 재생해서 자원으로서 유통시키는 실행력 있는 전략인 데 비해 일본의 재자원화는 순환이용이 가능한 '상태로 만드는 것'이라는 준비 행위에 멈추어 있다. 일본의 자원순환 정책은 재생자원 시장을 구축하기에 턱없이 부족하며 현실과 동떨어져 있다고 할 수 있다.

대규모 비즈니스를 전개하는 유럽 기업, 세력 확대를 노리는 중국 기업

유럽에서는 프랑스의 베올리아(Veolia)나 수에즈(Suez) 등 대형 재활용업체가 폐기물 회수부터 재자원화, 재생자원 판매까지 아우르는 비즈니스 모델을 확립해서 규모의 이익을 실현하고 있다.

베올리아는 중국, 싱가포르에 진출해서 폐기물 처리 비즈니스를 펼치는 등 대규모 비즈니스를 전개해서 2016년에 매출 243억 9000만 유로를 기록했다. 이러한 유럽의 대형 재활용업체는 순환경제가 구축됨에 따라 비즈니스의 폭을 더욱 넓혀 경쟁력을 키워갈 것으로 보인다.

순환경제 구축에 있어서 중국의 움직임도 두드러진다.

2016년 9월 상하이를 거점으로 하는 중국의 폐기물 관리업체인 CNTY (China Tianying Inc.)가 스페인의 대형 폐기물 관리업체 우르바세르(Urbaser)를 약 20억 파운드라는 거액에 매수했다. 같은 해에 중국 기업이 독일의 폐기물 관리기업인 EEW(Energy from Waste)를 약 15억 유로에 매수했고, 유럽 최대 금속 폐기물 처리기업인 독일의 숄츠(Scholz)를 약 3억 7000만 유로에 매수하는 등 유럽의 유력 자원순환 관련 기업을 잇달아 매수하며 세력을 확대하고 있다.

2018년 7월 16일에는 베이징에서 개최된 제20회 중국·EU 정상회담에서 EU와 중국이 포괄적인 전략적 파트너십을 추진하는 가운데 순환경제 분야에서 대화·협력해나가는 데 합의했다.

유럽이 순환경제를 구축하는 한편 중국은 유럽 기업 매수라는 형태로 세력을 확대하는 동시에 EU와 협력 관계 합의를 맺는 등 견고한 전략을 내세우고 있다.

일본판 순환경제 구축을

유럽, 중국이 순환경제를 구축하기 위해 과감하게 비즈니스를 전개하는 반면 일본의 움직임은 둔하다.

일본의 폐기물 처리·재활용 사업은 개별 생산자가 책임을 지는 생산자 책임재활용제도를 채용하고 있는 만큼 폐기물 회수부터 선별까지는 각 산업의 전문 사업자가, 폐기물 처리부터 판매까지는 폐기물 처리업자가 맡는 세분화된 구조다.

그러다 보니 대부분이 중소기업이고 대기업이라고 해도 연간 매출 규모가 수백억~1천억 엔 정도밖에 되지 않아, 유럽의 대형 재활용업체나 기업을 매수해 세력을 확대하는 중국에 대항할 수 있는 상황이 아니다.

현재 도시 쓰레기의 재활용률(2016년)만 봐도 그렇다. EU의 재활용률은 평균 30%에 달하는 데 비해 일본은 18% 정도로 확연히 뒤처져 있다.

이대로 가다가는 미래 자원인 재생자원을 일본 국내에서 생산하지 못하고 유럽이나 중국에서 수입해야 하는 처지가 될지도 모른다.

기후변화 문제의 발단이 되는 광물 자원 리스크에 대해서도 일본은 비축과 개별 재활용법이라는 대상 품목이 한정된 정책으로 대처하는 데 비해 유럽은 더 거시적인 관점에서, 재생자원 시장을 창출해서 자원 제약과 경제 성장을 분리시키는, 즉 순환경제 구축을 통한 대처를 목표로 하고 있다는 점에서 커다란 차이가 있다.

순환경제는 단순한 환경 정책이 아니라 경제 모델을 직선형 경제에서 순환형 경제로 전환시키는 경제 정책이다. 그만큼 순환경제 대응에 뒤처지면 경제 전반에 커다란 영향을 미치게 된다.

이미 유럽을 중심으로 순환경제의 국제표준화가 진행되고 있다. 유럽이 주도해서 만든 재생자원의 품질 기준이나 제품당 재생자원 사용 비율 등의 국제표준은 당연히 유럽에 유리하게 작용하므로 일본의 국제경쟁력을 저하시킬지도 모른다.

그러한 상황에 놓이지 않도록 하루빨리 일본 상황에 맞는 일본판 순환경제를 구축하고 그 실적을 쌓아 올려 일본의 영향력을 높여야 한다.

【 참고문헌 】

EC "A EUROPEAN STRATEGY FOR PLASTICS IN A CIRCULAR ECONOMY" January 2018

平沼光、松八重一代、中川恒彦、中島賢一「エネルギー転換による鉱物資源リスクとサーキュラー・エコノミー」『東京財団政策研究所 REVIEW』 №6、2020年6月

黒川哲志、奥田進一編『環境法のフロンティア』成文堂、2015年

喜多川和典「サーキュラーエコノミー政策の動向―台頭する中国、政策方針打ち出せぬ日本」東京財団政策研究所 講演資料、2019年6月10日

経済産業省・環境省「海外展開戦略(リサイクル)」2018年6月

一般社団法人産業環境管理協会『リサイクルデータブック2018』2018年

epilogue

자원에너지
쟁탈전에서
살아남으려면

지금까지 과거부터 현대에 걸쳐 자원에너지를 둘러싸고 벌어진 경쟁에 대해 살펴봤다.

제1장에서는 자원에너지에 대한 고정관념을 깨기 위해 현대에는 누구도 피를 흘리면서까지 다툴 만한 자원이라고 생각하기 어려운 향신료 쟁탈의 역사를 들추어보았다.

제2장에서는 석탄이 근대화에 기여한 역할을 살펴보고, 자원에너지가 번영을 위해 빼놓을 수 없는 중요한 조건이라는 사실을 확인했다.

제3장에서는 세계대전을 두 차례 겪으며 석유 확보가 곧 국가의 존망을 좌우하는 일임을 깨달은 세계가 석유라는 자원을 확보하기 위해 벌인 경쟁의 역사를 돌아봤다.

그리고 제4장, 제5장에서는 기후변화 문제에 대처하고 지속가능한 사회를 구축하기 위해 재생에너지 보급과 탈화석연료를 추진하는 에너지 전환이라는 경쟁이 시작된 지금의 상황을 정리했다.

제6장에서는 지속가능한 사회를 만든다는 대의를 바탕으로 재생자원 시장을 창출하려는 유럽이 순환경제를 어떻게 구축하는지 그 움직임을 고찰했다.

과거부터 현대에 이르기까지 다양한 변천을 겪어온 세계는 에너지 전환과 순환경제 구축이라는 단계에 돌입해 있다.

마지막 장에서는 에너지 전환과 순환경제 구축의 시대에 일본의 현 상황을 돌아보고, 살아남기 위해서는 무엇이 필요한지 고찰하고자 한다.

01

직시해야 할 일본의 현실

10년 뒤처진 일본의 에너지 전환

선진 각국은 2030년까지 재생에너지 보급률 40~50% 달성이라는 높은 목표를 세우며 에너지 전환에 나섰고, 새로운 에너지 조류가 생겨나고 있다. 이러한 상황에 일본은 어떻게 대응하고 있을까?

앞서 말했듯 일본은 EV 급속충전 설비의 국제표준화나 해양온도차 발전 개발 등 특정 안건에서는 분투하고 있지만, 2015년 7월 일본의 에너지 믹스 방침 '장기에너지수급전망'에서 밝힌 재생에너지 도입 목표를 보면 2030년까지 22~24%로 선진국 대비 낮게 설정되어 있다.

이후 2018년 7월 일본 에너지 정책의 기본 방침을 보여주는 '제5차 에너지기본계획'에서 재생에너지를 주력 전원으로 한다고 발표했지만, 2030년까지 22~24%라는 낮은 도입 목표는 그대로 유지했다. 재생에너지를 주력 전원화한다는 방침과 실질적인 정책 목표가 어긋나 있는 것이다.

게다가 제5차 에너지기본계획은 재생에너지 보급에 관한 많은 과제를 제시하고 있다. 이로 인해 마치 재생에너지의 주력 전원화가 어렵다는 사실을 강조하고 있는 것처럼 읽힐 수 있다는 점도 지적되었다.

독일을 비롯한 선진 각국은 2015년에 이미 재생에너지 비율 30% 이상을 달성했다. 2030년까지 22~24% 달성이라는 일본의 목표는 앞으로 10년 후에 겨우 지금의 유럽을 따라잡겠다고 공언하고 있는 셈이다. 그만큼 세계와 격차가 현저하게 벌어져 있다는 사실을 알 수 있다.

스가 요시히데 총리는 2020년 10월 26일 국회 연설에서 2050년까지 탄소중립을 달성해서 탈탄소사회를 실현하겠다고 선언했다.

탄소중립을 달성하기 위해서는 온실가스 배출량이 많은 발전 부문에서 대대적인 감축이 필요하며 현재의 정책 목표대로 재생에너지를 보급해서는 절대로 달성할 수 없다. 스가 총리의 2050년 탄소중립 선언에 세계 각국도 주목하고 있는 만큼 일본은 굳은 결의를 다지고 지금보다 더욱 재생에너지 보급에 힘써야 한다.

위태로운 청정에너지 시장의 획득

세계적으로 화석연료 관련 투자를 철수하는 추세가 이어지는 가운데 일본은 '장기에너지수급전망'을 통해 2030년 전원 구성 비중을 천연가스 27%에 이어 석탄 26%로 전망하는 등 석탄을 계속해서 주요 에너지로써 활용할 방침을 드러냈다.

그로 인해 2019년 12월 스페인 마드리드에서 개최된 COP25에서 세계 120개국 1300개의 단체로 이루어진 세계 최대 비정부기구 '기후행동네트워크(CAN: Climate Action Network)'가 지구온난화 대책에 소극적인 자세를 보인 일본에 '화석상'을 수여했다.

앞서 말했듯 이미 청정에너지 시장을 둘러싼 경쟁은 시작되었고 각국, 각 기업은 국제표준화라는 수단까지 사용해서 어떻게든 청정에너지 시장을 차지하기 위해 자국의 우위성을 쌓으려고 분투 중이다.

이런 가운데 에너지 전환에 대한 일본의 소극적인 자세는 '청정에너지 분야에 뒤처진 국가'라는 부정적인 신호를 시장에 발신하게 된다. 그 결과 노르웨이 국부펀드(GPFG)가 일본의 전력회사를 투자처에서 제외했던 것처럼 부정적인 영향을 불러일으킬 뿐만 아니라, IoE 같은 혁신적인 에너지 기술개발이 이루어지지 않으면서 거대 청정에너지 시장 획득에서 밀려나고 결국 국제경쟁력이 저하되고 마는 것이다.

폐플라스틱을 제대로 처리하지 못하는 일본

순환경제 구축에서도 해결해야 할 문제가 많다.

일본 자원순환 정책에서의 자원재생은 준비 행위에 그치며 실제 자원순환은 제대로 이루어지지 않고 있다.

일본의 폐기물 재활용은 재사용이나 재생이용이 충분하게 이루어지지 않고 대부분 열 회수라는 형태로 소각되거나 수출이라는 형태로 해외에 보내졌다.

폐기물 수출은 지금껏 일본의 재활용 수단이었지만 2017년 중국이 생활 폐플라스틱의 수입을 금지하면서 상황이 달라졌다.

2016년 일본의 폐플라스틱 총 배출량은 899만t으로 그중 152.7만t이 수출되었는데, 총 수출량 가운데 52.6%인 약 80만t이 중국에 수출되었다.

일본에 있어서 중국은 폐플라스틱의 주요 수출처였다. 만약 중국 이외의 수출처를 찾지 못하면 폐플라스틱 약 80만t을 고스란히 국내에서 처리해야 하는 상황에 놓인다.

폐플라스틱 수입 규제의 움직임은 중국을 시작으로 태국, 베트남, 말레이시아, 인도네시아, 인도 등 아시아 각국에 확산되고 있다.

폐플라스틱을 수출할 수 없게 되면 현실적으로 가장 유력해지는 방법은 소각에 의한 열 회수다. 하지만 앞서 언급한 EU의 폐기물 관리 우선순위에 따르면 소각에 의한 열처리 재활용은 자원순환에 있어서 추천도가 낮은 최하위에 해당한다.

일본은 폐기물의 약 70%를 소각해서 처리하고 있을 정도로 소각을 주요 쓰레기 처리 방법으로 활용하고 있다. 그러나 만약 EU가 주도하는 순환경제가 세계 기준이 되면 일본의 소각에 의한 열처리 재활용은 통용되지 않게 된다.

일본에서는 옛날부터 '못타이나이'*라는 말이 널리 사용되어왔다. 이 말뜻대로 본래 물건을 낭비하지 말고 재사용해야 마땅하지만, 현실은 유럽 대비 뒤처진 상황에 놓여 있는 것이다.

----

* 물건의 가치가 충분히 발휘되지 못하고 낭비되는 것-옮긴이

【참고문헌】

橘川武郎『エネルギー・シフト 再生可能エネルギー主力電源化への道』白桃書房、2020年
一般社団法人 プラスチック循環利用協会『プラスチック製品の生産・廃棄・再資源化・処理処分の状
況』2017年
日本貿易振興機構(JETRO)「東南アジア諸国が廃プラスチック輸入規制を強化、日本の輸出量は減少」
地域・分析レポート、2019年1月10日

02

일본에 기회가 되는
에너지 전환과 순환경제

에너지 전환과 순환경제가 갖는 세 가지 메리트

현재 일본은 에너지 전환과 순환경제 구축에 뒤처져 있지만, 이것을 오히려 자원에너지의 해외 의존이라는 속박에서 벗어날 수 있는 천재일우의 기회로 삼아야 한다.

지금까지 세계 경제 시스템은 땅속에 매장되어 있는 석유나 천연가스, 광물자원 등 천연자원을 채굴해서 그것으로 제품을 생산, 소비하고 필요 없어지면 버리는 선형경제(linear economy)를 전제로 해왔다.

땅속에 매장된 천연자원이 부족한 일본은 자원을 해외 수입에 의존해 조달할 수밖에 없었기 때문에 항상 자원의 공급 불안정과 가격 급등에 불안해해야 했다.

그런데 에너지 전환과 순환경제 구축은 화석연료 의존에서 벗어나 재생에너지를 이용하고 천연자원이 아닌 재생자원을 순환시키는 경제 모델을 구축하는 것을 그 목적으로 한다.

즉, '자원을 해외 수입에 의존해 조달할 수밖에 없었던' 일본에 있어서 압도적으로 불리했던 게임의 규칙이 완전히 달라지는 것이다.

일본에 재생에너지를 주력 전원화할 수 있는 충분한 자원 잠재력이 있다는 것은 2011년 3월 환경성의 「2010년도 재생에너지 도입 가능성 조사보고서」를 통해 이미 알려졌다.

게다가 일본은 지하에 매장된 화석연료나 광물자원은 부족하지만, 지하에서 채굴한 천연자원의 순도를 높여서 만든 제품이 방대한 양의 폐기물로 지상에 축적되어 있다.

이것은 천연자원을 채굴하는 광산에 빗대어 도시에 존재하는 광산이라는 의미로 '도시광산'이라고 불린다.

버려진 폐기물을 도시광산이라는 자원으로 본다면 일본은 자원국이라고 할 수 있다.

일본 국내에는 금 6800t이 도시광산에 축적되어 있고, 이것을 2009년 기준 세계의 지하 매장량과 비교하면 1위인 아프리카(6000t), 2위인 호주와 러시아(5000t), 3위 미국과 인도네시아(3000t)를 제치고 가장 많은 자원량이 된다(도표27).

이외에도 세계의 자원 매장량과 일본의 도시광산 축적량을 비교하면은, 납, 인듐도 일본이 세계 1위의 자원국이 되며 동은 세계 2위, 백금, 탄탈은 3위의 자원국이 된다.

2021년 도쿄올림픽·패럴림픽에서 선수들에게 수여된 입상 메달은 '도

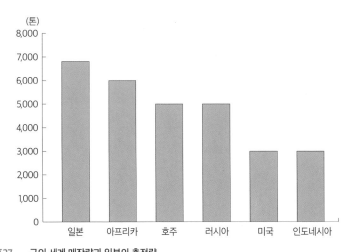

도표27   금의 세계 매장량과 일본의 축적량

출처: 'USGS: Mineral Commodity Summaries 2009'를 참고해서 필자 작성

시광산에서 만든다! 모두의 메달 프로젝트'를 통해 일반시민이 기부한 휴
대전화 등 더는 사용하지 않는 소형가전에 포함된 금속으로 제작되었다.

2017년 4월부터 2019년 3월까지 2년에 걸쳐 회수된 기기에서 올림픽·
패럴림픽의 금·은·동 약 5000개의 메달에 필요한 금속량을 100% 회수
했다.

에너지 전환과 순환경제 구축이라는 흐름은 일본 국내에 있는 이 같은
자원을 최대한 활용해서 스스로 자원을 생산하는 자원국으로 진화할 수
있는 기회다.

일본은 과거 태양광 발전 산업을 견인해온 역사가 있고, 지금도 에너지
변환율이 높은 태양열 패널을 제조하는 등 재생에너지 분야에서 고도의
기술력을 갖추고 있다.

IoE의 중요한 요소인 V2G에서는 일본의 차데모가 유일하게 실용화된 EV 급속충전 설비로서 국제경쟁력을 발휘하고 있다.

또한 리튬이온 배터리를 개발했을 뿐만 아니라, 차세대 배터리로서 주목받고 있는 전고체 리튬이온 배터리의 개발에서도 많은 특허를 보유하고 있다.

재활용·자원 절약화 분야에서도 희토류 쇼크 이후 혼다가 희토류의 일종인 디스프로슘을 사용하지 않는 네오디뮴 자석을 발명해서 하이브리드 차의 구동 모터용으로 실용화했다.

에너지 전환과 순환경제 구축이라는 흐름은 자원의 해외 의존도를 낮추어줄 뿐만 아니라, 이 같은 일본의 높은 기술이 비즈니스에 활용되어 청정에너지 시장과 재생자원 시장의 획득으로 이어진다는 커다란 메리트가 있는 것이다.

하지만 지금까지 일본의 자원에너지 정책은 1kW/h당 전력비용이나 해외에서 자원을 조달하는 것을 전제로 한 에너지 안전보장 논의에만 몰두했고, 청정에너지 시장이나 재생자원 시장 구축에 대한 중요성을 간과해 왔다.

에너지 전환과 순환경제 구축에 일본이 앞장서서 노력하면 기후변화 문제 대응과 지속가능한 사회 구축이라는 국제적인 환경문제에 있어서 일본의 영향력을 향상시켜줄 뿐만 아니라, 자원의 해외 의존이라는 뿌리 깊은 속박에서 벗어나게 해준다.

그리고 일본의 기술력을 발휘할 수 있는 무대인 청정에너지 시장이나 재생자원 시장의 획득으로 이어진다.

에너지 전환과 순환경제 구축이라는 새로운 무대에서 살아남기 위해서는 우선 에너지 전환과 순환경제 구축이 일본에 있어서 기회이자 커다란 이익을 가져오는 일임을 정책 당국자는 물론 모든 이해관계자가 인식해야 한다.

모든 이해관계자가 참가해서 자원에너지 정책 입안을

에너지 전환과 순환경제 구축은 지금껏 의존해온 화석연료에서 벗어나 순환형 경제라는 새로운 경제 모델을 만드는 일인 만큼 사회 전반에 걸친 과제라고 할 수 있다.

정책 입안에 있어서 특정 주무관청이 독자적으로 대응하는 것에는 한계가 있으며 경제활동, 기술개발, 환경보전, 안전보장, 국토이용, 지역진흥 등 다양한 분야를 관통하는 시점이 필요하다.

유럽도 에너지 전환과 순환경제 구축은 유럽의 포괄적 경제 성장 전략인 그린딜의 일환으로서 접근하고 있는 만큼 정책 입안에는 거시적인 논의가 필요하다.

모든 분야를 포괄하는 거시적인 논의를 위해 필자는 『2040년 에너지패권(2040年のエネルギー覇権)』에서 관계 기관은 물론 자원에너지와 관련한 NPO, NGO, 자치단체, 학술관계자, 전력회사를 비롯한 에너지 관련 기업 등 모든 이해관계자가 참가해서 논의할 수 있는 '에너지 정책 입안 플랫폼'을 구축해야 한다고 제언했다(도표28).

자원에너지나 환경문제에 관한 조사와 연구, 정책 논의는 다양한 자문기

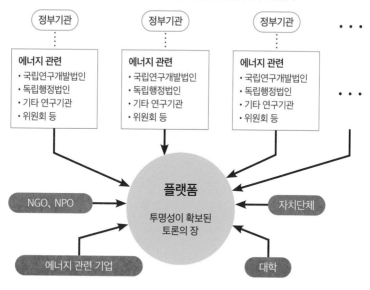

도표28   에너지 정책 입안 플랫폼의 개관
출처: 필자 작성

관, 위원회, 그리고 관련 국립연구개발법인 등에서 진행되다 보니 데이터나 논의된 결과가 제대로 공유되지 않는 경우가 많다.

그리고 재생에너지의 보급이나 폐기물 수집, 재사용을 촉진하기 위해서는 지역사회의 수용성을 높이는 것이 중요한 만큼 이해관계자로서 자치단체를 비롯한 지역 커뮤니티가 참가하는 것이 바람직하다.

이처럼 제각각 이루어지던 행정기관의 논의를 통합하고 지역 커뮤니티를 포함한 모든 이해관계자가 참가해서 거시적으로 논의할 수 있는 장으로 '에너지 정책 입안 플랫폼'을 구축하고, 전력회사의 데이터는 물론 각 정부기관과 정부기관 산하 국립연구개발법인의 데이터나 연구 성과 등을 개시·공유해서 사회과학적·자연과학적 이해를 바탕으로 논거에 입각한 구체적인 정책을 세우는 것이 무엇보다 중요하다.

에너지 전환과 순환경제 구축이라는 직면한 문제에서 살아남기 위해서는 '에너지 정책 입안 플랫폼'을 정립해서 정책 당국자는 물론 모든 이해관계자가 모여 어떻게 에너지 전환과 순환경제를 추진해갈 것인지에 대해 논의를 서둘러야 한다.

실증이 아닌 구현을 전제로 한 시범 지역 구축을

에너지 전환과 순환경제 구축을 추진하기 위해서는 구체적으로 무엇을 해야 할까?

일본에서는 기후변화 대처나 후쿠시마 제1 원자력 발전소 사고에 따른 에너지 정책의 재검토 차원에서 재생에너지의 발전차액지원제도(FIT제도)나 전력시스템 개혁 등 재생에너지 보급을 위한 법·제도가 마련되어 왔다. 하지만 일본의 발전 전력 가운데 재생에너지 비중(2017년)은 겨우 16%(대규모 수력 발전 포함)에 머물러 있다.

FIT제도를 개선하거나 전력계통의 제약을 해소하는 등 재생에너지를 도입하기 쉬운 환경을 만들기 위한 법·제도적인 노력도 물론 중요하지만, 보급 속도를 높이기 위해서는 정책적으로 재생에너지를 사회에서 구현하도록 추진할 필요가 있다.

지금껏 재생에너지를 보급하기 위한 다양한 실증실험이 진행되었지만, 사회에서 실용화된 경우는 드물다.

후쿠시마 앞바다에서 2011년부터 진행해온 부유식 해양풍력 발전의 대규모 실증실험은 실용화되지 못하고 철거되었다.

실증실험에서 2MW, 5MW, 7MW 3기의 풍차가 운전되었지만 2020년 12월 7일 일본 정부는 후쿠시마 앞바다에 설치한 부유식 해양풍력 발전을 모두 철거하기로 했다.

후쿠시마 부흥의 상징이 될 것이라는 기대를 담아 시작된 실증실험이었지만, 민간 인수처가 나타나지 않아 '실증은 했지만 실용화되지 않은' 채로 남았다.

애초에 계획 자체가 실용화를 전제로 한 것이 아니었다고는 하지만 이런 일이 반복되면 자금과 시간만 낭비될 뿐 재생에너지의 혁신기술 보급에 아무런 도움이 되지 않는다.

재생에너지의 보급 속도를 높이기 위해서라도 앞으로는 실용화를 전제로 해서 실증실험 이후의 일까지 설계된 실현 가능한 시범 지역을 건설할 필요가 있다.

제5장에서 말했듯 세계의 CO_2 배출량의 70%를 도시가 차지하고 있는 만큼 도시의 탄소중립화는 급선무가 되었다.

또한 혁신적인 에너지 기술이나 자원순환 시스템을 곧바로 국가 전체에 적용하기란 어려운 일이다. 구글이 '사이드워크 토론토'의 창출을 목표로 했듯 어딘가에 첨단 시범 지역을 꾸려 그곳을 모델로 전국에 확산시키는 것이 현실적이다.

일본도 하루빨리 에너지 전환과 순환경제를 사회에 구현하는 시범 지구를 만들어야 한다.

특히 순환경제를 구축하는 데 있어서는 일본의 자원순환에 관한 법·제도를 근본부터 재검토하는 동시에 자원순환을 실현하는 재활용 시설이나 공급망 등 순환시스템의 사회 구현을 추진할 필요가 있다.

당연히 이러한 시범 지역을 만드는 일은 쉽지 않으며, 실현 가능성이 큰 후보지가 있어야 한다.

그런 의미에서 동일본 대지진 이후 재건과 부흥을 위해 '재생에너지 첨단의 땅'으로 탈바꿈할 수 있도록 지역특구제도 등 다양한 정책 옵션을 투입할 수 있는 후쿠시마가 유력한 후보지가 될 수 있다.

【 참고문헌 】

平沼光『日本は世界1位の金属資源大国』講談社+α新書、2011年

環境省Webサイト「エコジン」VOLUME・61、2017年10・11月号

https://www.env.go.jp/guide/info/ecojin/issues/17-11/17-11d/tokusyu/2.html#main_content

資源エネルギー庁『日本のエネルギー2019』2020年

「福島の洋上風力発電、全撤退へ 600億投じ採算見込めず」共同通信、2020年12月12日

마치며

자원에너지 정책은 세계를 선도할 수 있도록

지금까지 과거부터 현대에 이르는 자원에너지를 둘러싼 공방을 쫓으면서 미래 자원에너지의 동향을 고찰했다.

자원에너지는 무언가 특정한 것에 고정되지 않고 시대와 함께 변해왔다.

트레비식이 개발한 고압 증기기관은 석탄의 활용 폭을 넓혀 산업혁명의 원동력이 되었다. 드레이크는 이상한 사람 취급을 받으면서도 석유 채굴에 성공해서 석유라는 자원을 세상에 선보였다. 셰일가스에 손을 대는 것은 어리석은 일이라고 여겨졌지만 미첼은 과감하게 개발에 도전해서 셰일가스 혁명을 이끌었다. 이처럼 새로운 자원의 탄생에는 항상 누군가의 도전이 있었다.

누군가의 도전으로 지금껏 자원이라고 여겨지지 않았던 것에서 가치를 발견하고, 그것을 이용하려고 노력함으로써 기술이 발달하고 그 기술 때문에 자원이 아니었던 것이 자원이 되어 세상에 확산되어가는 사이클을 지금까지 반복해왔다.

그리고 지금, 기후변화 문제에 대처하고 지속가능한 사회를 만들기 위해 에너지 전환과 순환경제 구축이라는 새로운 사이클을 맞이하고 있지만, 이것들은 주로 EU나 미국의 플랫폼 사업자 등 구미가 주도해서 일으킨 사이클이다.

스스로 화석연료 자원이 없는 국가라는 딱지를 붙이고 자원에너지의 국제 동향에 영향을 미칠 만한 힘이 없다고 생각하고 있지는 않은가?

하지만 화석연료 없이도 지금까지 일본은 자원에너지 분야에서 세계를 선도하는 중요한 역할을 해왔다는 사실을 잊어서는 안 된다.

일본은 생산형 세단으로서는 세계 처음으로 수소를 연료로 하는 연료전지차(FCV) 미라이와 세계 첫 양산형 전기자동차(EV) 리프를 세상에 선보였다.

FCV나 EV, 풍력 발전의 모터에 필요한 네오디뮴 자석을 발명한 것은 일본인 사가와 마사토 박사다. 이 발명이 없었다면 희토류는 자원이 아닌 그저 흙더미로 남아 있었을 것이다.

또한 IoE의 중요한 요소 가운데 하나인 V2G에 필수적인 EV 급속충전기를 실용화시켰으며, IoE나 에너지 절약과 고효율 기기에 빼놓을 수 없는 리튬이온 배터리를 발명한 것도 노벨화학상을 받은 일본인 요시노 아키라 박사다.

순환경제 구축에서도 마찬가지다. 혼다가 희토류를 사용하지 않는 자석을 실용화하는 등 일본은 대체·자원절약화나 재활용에 있어서 높은 기술을 갖고 있다. 여기에 법·제도를 정비해서 재활용 사업자를 성장시킨다면 일본이 순환경제를 주도할 가능성은 충분하다.

에너지 전환은 구미 주도로 시작되었지만, 아직 일본이 되돌릴 기회는 남아 있다.

일본 에너지 정책의 주요 방침이 되는 에너지기본계획은 적어도 3년마다 책정된다. 지금의 제5차 에너지기본계획은 2018년에 책정되었으므로 다음 '제6차 에너지기본계획'이 책정되는 해는 2021년이다.

특히 스가 총리가 선언한 2050년까지 온실가스 배출을 제로로 하는 탄소중립을 달성하기 위해서는 대범한 재생에너지 보급 목표가 필요하며 제6차 에너지기본계획은 어떻게 해야 선진 각국에 견줄 정도로 재생에너지 도입 비율을 높일 수 있을 것인가가 핵심이 되어야 한다.

그러려면 재생에너지를 전원뿐만이 아니라 열 공급 등을 비롯한 일본의 주력 에너지로 삼을 필요가 있다.

세계적으로 비판받는 일본의 석탄 이용도 제5장에서 소개한 아우디 e-가스처럼 재생에너지의 잉여전력으로 만든 수소와 석탄 화력 발전소에서 발생하는 CO_2를 이용한 메타네이션을 통해 CO_2를 줄이고 천연가스를 제조하는 등 새로운 개선책을 마련해야 한다.

그리고 포괄적인 관점에서 에너지기본계획 안에 일본판 순환경제 구축에 대해 기재하는 것이 중요하다.

이 책을 집필하고 있는 사이에도 미국 바이든 정권이 올해 4월에 기후변화 서밋 주최를 예정하고 있는 등 세계는 기후변화 대책을 위해 발 빠르게 움직이고 있다.

일본의 제6차 에너지기본계획도 이 책이 출판될 무렵에는 이미 책정되어 있을지도 모르지만, 가속화하는 세계의 움직임에 대응하기 위한 미래 자원에너지 정책은 일본이 세계 에너지 전환과 순환경제를 선도하는 내용이 되어야 한다.

자원에너지가 부족한 국가라는 고정관념을 버리고 자원에너지는 스스로 노력해서 만들어내는 것이라는 사실을 기억한다면 향후 일본이 세계를 선도하는 것이 결코 불가능한 일만은 아닐 것이다.